투자의 상대성 원리

이제,
가난해지지 않기로 했다

저자 이 성 민

서문

나는 사회생활의 대부분을 자산운용사에서 펀드매니저로 일했고, 지금도 그 일을 지속하고 있다.

펀드매니저에 대해서 간단히 설명하자면 다른 사람들의 돈을 여기저기 투자하는 일을 하는 사람들이다. 그들의 목적은 결국 더 싼 투자처를 찾아 벤치마크가 되는 시장 또는 경쟁 펀드매니저를 이기도록 투자하는 것이다. 이러한 과정을 운용이라고 부르는데, 운용의 결과는 보통은 수익률이라는 잣대로 명확하게 순위가 매겨진다. 다소 장황하게 표현하자면, 대체로 펀드매니저 업무의 본질은 시장의 다양한 변화를 고려하고 종합적인 판단을 해서 투자에 대한 의사결정을 하는 것이다. 다른 업종에 종사하는 사람들이 그렇지 않다는 이야기는 아니지만, 어쨌거나 그들에게는 큰 돈이 걸려 있고, 실적이 숫자로 나온다는 것은 누구에게나 스트레스 받는 일이다. 그렇기에 나를 포함한 주변 동료들은 대부분 늘 어떻게 하면 더 좋은 투자판단을 할지를 고민하고 습관적으로 모든 사회활동을 투자와 연관 지어 생각하려고 한다. 그리고 그것은 현실이기도 하다.

또한 발생할 수 있는 위험으로부터 자신을 보호해야 하기 때문에 합리적 수준에서의 위험관리도 꾸준히 연습을 하게 된다. 이런 관점에서 고민을 하다 보면 다른 투자자, 그리고 사실 투자자들이지만 스스로가 투자를 한다고 인식하지 못하는 일반인들에게 조금이라도 도움이 될 수 있는 지식을 습득하게 되기도 한다. 이 책의 목적은 그런 부분들에 대한 내 생각을 공유하기 위함이다.

내가 사회에서 가장 자주 만나는 사람들은 나와 같은 일을 하는, 즉, 동종업계에서 같이 경쟁을 하는 펀드매니저, 시장을 분석하는 분석가(Analyst), 그리고 주식 매매를 중개하는 브로커(Broker) 같은 사람들이다. 이런 사람들과 만날 때 보통 첫 주제는 경제 상황, 주식, 업계 동향과 같은 소위 '공장 이야기'로 흐르게 된다. 그 중에 아주 친한 몇몇과는 서로 개인적인 투자에 대해서도 자연스럽게 알게 되는데, 아무래도 소득 자체가 타 업종보다 높기도 하고, 해박한 경제지식을 지닌 사람들이라서 그런지 적시에 투자도 잘하고 해서 나름 성공적으로 부를 쌓은 사람들이 많다. 하지만, 황당한 경우도 많아서 소위 전문가들이라고 하는 그들 조차도 엉뚱한 실수를 하는 경우도 숱하게 본다. 그 이유는 여러 가지가 있지만 대표적인 것은 자신의 포지션에 대한 착각이다. 내가 어떤 자산을 가지고 있다고 해서 모두 그 자산의 가치에 내가 영향을 받는 것도 아니고, 가지고 있지 않은 자산가격의 변화에 내가 영향을 받지 않는 것도 아니다. 내가 이러한 논리를 주장하면 투자를 업으로 삼고 있는 사람들은 대부분 공감을 하고 맞장구를 친다. 그런데, 투자 업계를 떠나 다른 업종에서 종사하는 사람들은 이러한 개념이 피부로 와닿지 않는 것 같다. 한참을 설명하고 나면 '그럴 수도 있겠다.' 하는 정도의 반응을 하곤 한다. 어떤 경우는 말도 안 되는 궤변이라는 반응도 있었다. 간혹 신선하다고 느끼는 사람들도 있기는 하다. 그리고 아주 가끔 실제로 투자의 방향을 새롭게 하는 사람들도 있다. 어떤 사람들은 한참 지나서 나를 다시 만나면, '그 때 그 말을 들었어야 했다.'는 말을 하기도 한다. 내가 생각하기에 이해를 못할 정도로 어려운 얘기도 아니고 그저 받아들이고 생각을 바꾸는 것 자체를 기피하고자 하는 것이다.

예전부터 부사, 특히 주식과 부동산은 사람들의 주요 관심사 중에 하나였고, 그 경향은 시간이 지나면서 더 강화되고 있다. 최근에는 거의 모든 사람들이 부동산, 주식 등 투자자산에 관심이 많다. 한마디로 돈을 버는 것에 관심이 많아졌다. 먹고 사는 게 해결된 사회에서 오히려 상대적인 부의 욕심은 더 심해지는 것 같다.

직업의 특성 때문에 어느 모임에 가던지 나에게 종목을 '찍어' 달라고 하는 사람이 꼭 있다. 주식투자에 관심을 갖는 것은 긍정적이다. 하지만, 이렇게 물어보는 것 자체가 이미 투자에서 방향을 잘못 잡고 있는 것 아닌가 하는 생각이 든다. 실패의 가능성을 높이고 있는 것이다. 그런 질문을 받으면 나는 제한된 정보 내에서 몇 개의 종목을 골라서 장단점을 얘기해 주고는 하는데, 기분이 만족스럽지는 않다.

가장 중요한 것은 현재 자신의 포지션을 아는 것이다. 그리고 그 포지션을 기반으로 개개인에게 필요한 포지션을 구축하는 것이 우선이다. 그리고 나서 시장 전망을 추가하여 전술적 선택을 해야 한다. 밑도 끝도 없이 어느 주식을 살지를 고민하기보다는 지금 내 포지션에서 어떤 주식을 사야 하는지를 고민해야 한다. 그러기 위해서는 내가 왜 투자를 하는지부터 되짚어봐야 한다. 그리고 투자를 하면서 흔히 착각하기 쉬운 몇 가지 문제들이 있다. 특히 현금을 중심으로 생각할 때 흔히 범하는 실수는 합리적 의사 결정을 심각하게 방해할 수 있다. 그렇다면 우리에게 현금 말고 어떤 잣대를 써야 하는지도 알아야 한다. 거창하게 말하면 이런 것들이 바로 투자철학이다.

이 책은 투자를 처음 시작하는 사람들에게 얘기하고 싶은 부분들을 정리한 것이다. 이미 시중에는 많은 투자 관련 서적이 나와 있다. 크게 보면 주식, 부동산, 사업 등으로 나눌 수 있는데, 대부분은 그 분야에서 성공한 사람들이 자신의 경험을 근거로 논리를 이어가고 있다. 또한 대체로 한 투자

대상을 정한 책은 그 외의 투자대상에 대해서는 회의적인 시각을 견지하고 있다. 예를 들면, 부동산 관련 서적에서는 '주식은 위험하다', '모르면 하지 마라', '부동산은 한 번도 손실이 난 역사가 없다' 등의 주장을 한다. 반면에 주식 관련 서적은 '부동산은 거품이다', '인구구조론으로 보건대 부동산은 오를 수 없다', '부동산은 세금이 너무 많다'는 얘기를 한다. 그리고나서 덧붙이는 것이 '이 책을 보면 투자에 성공해서 부자가 될 수 있다'는 것이다. 그 책들이 가치가 없다는 얘기는 아니다. 나도 서점에 가면 새로 나온 투자 책은 늘 들춰보곤 하고 새로운 영감을 주는 경우도 있다. 하지만 동의할 수 없는 부분도 많은데, 그런 부분들은 독자들에게 잘못된 지식을 심어주고 투자의 기회를 박탈하는 것 같아 아쉬울 때가 많다.

이 책은 그보다 앞서 큰 그림에서 현금, 주식, 부동산 등 여러 자산이 있을 때 어디에 어떻게 투자를 해야하는지, 그 원칙을 어떻게 세워야 하는지에 대한 이야기를 하고자 한다. 그리고 나서 그 원칙을 바탕으로 자신의 자산 구성을 어떻게 가져가야 할 지를 다루고 있다. 어떤 일이나 다 그렇듯이 원칙을 세우는 일이 가장 중요하다. 원칙이 있어야 흔들지 않고 기회가 왔을 때 잡을 수 있고, 기회를 만들 수 있다.

그렇다고 이 책을 읽고 나서 투자자가 모두 내 방식을 따라 투자행태나 경제활동이 바뀌기를 바라는 것은 아니다. 모든 사람이 다 따라 할 수 있는 것도 아니다. 현재 상황이 투자 자체가 어려운 사람들도 있을 것이다. 그러나 투자에 관심이 있거나 지금도 투자를 하는 사람이라면 지금 하던 그대로 투자활동을 하더라도 조금은 다른 시각으로 위험을 바라볼 기회를 가질 수 있다면 더 바람이 없겠다. 모든 투자자들이 스스로 가지고 있는 본능과 자신의 위험을 정확히 이해한다면, 적어도 한 번 정도는 자신의 투자행태에 대해 다시 생각하고 전에는 생각해 보지 못했던 기회를 갖을 수 있을 지도 모른다.

어쩌면 전문가들의 관점에서는 깊이가 없을 수도 있다. 하지만, 과거 경험으로 볼 때, 내 생각을 들은 많은 사람들이 그런 방식으로 생각을 해 본 적이 없다고 하면서도 다른 한편으로 쉽게 수긍하는 것을 보니, 조금 더 많은 사람들에게도 알리는 것이 가치가 없지는 않을 것이라는 판단을 했다.

이 책은 우선 모든 개인 투자자들이 누구나 기본적으로 지켜야 하는 원칙에 대하여 이야기하고 있다. 위험은 무엇인지, 정확한 자기 포지션에 대한 개념, 그리고 자산의 가치를 지키는 중립포지션을 어떻게 구성해야 하는지가 주된 관심이다. 그 다음은 우리가 별 생각없이 당연하다고 여기고 있는 지식들이 투자의 세계에서 어떤 오류들을 만들어내는지 적었다. 그리고 마지막으로 우리가 추구해야 하는 포트폴리오는 어떤 것이어야 하는지에 대한 생각도 적었다.

 이 책을 손에 들고 있는 당신은 이미 투자에 관심이 많고 부자가 되고자 하는 소망을 가진 사람이다. 그 소망을 반드시 이루기 바란다.

목차

투자의 상대성 원리

서문	3
투자의 원칙	**13**
· 투자를 왜 하는가	14
· 나만의 원칙을 세워라.	17
오해 1. 가장 안전한 자산. 현금.	**27**
· 금리와 인플레이션	31
· 주식 가격의 변화와 통화가치의 변화	33
오해 2. 모르면 하지 마라	**39**
· 우리의 지식은 제한적이다	40
· 위험이란 무엇인가	48
· 진정한 위험	54
· 모른다면 중립이다	58

오해 3. 빚내서 투자하지 마라.   **63**
· TDF(Target dated fund)에 관하여   64
· 저축의 추억   66
· 위험관리를 위한 부채   68

패시브 투자 전략   **77**
· 패시브 포트폴리오   78
· 재무제표에 대한 간략한 설명   80
· 국민대차대조표   86
· 개별 자산에 대한 투자   91

투자의 상대성 원리

성공투자를 위한 베타전략

투자의 원칙

그러나 노인은 생각했다. 나는 틀림없지, 하고.
다만 운이 내게는 없다는 것뿐이지.
하지만 운이란 누가 알 수 있단 말인가.
운이 오늘 닥쳐올지도 모르며, 아무튼 매일매일이 새날 아닌가 말이야.
재수가 있다는 것이 무엇보다 좋기는 하지만,
그러나 나로서는 정확하게 하는 거다.
그래서 운이 돌아와주면,
나는 준비를 다하고 기다리고 있는 셈이니까 말이야.

어니스트 헤밍웨이, 노인과 바다

투자를 왜 하는가

투자를 왜 하느냐고 묻는다면 '돈을 벌기 위해서' 또는 '투자를 하면 돈을 벌 수 있으니까' 라고 생각하는 사람들이 많다. 이런 관점에서 투자의 목적을 생각한다면 아마도 현금을 중심으로 돈을 잃지 않고 예금 이상의 수익 추구 정도가 될 듯 하다. 또한 그 방법은 어찌되었건 쌀 때 사서 비쌀 때 파는 방식 밖에 없다. 사실 말이 쉽지 대단히 어려운 것이다.

이러한 속성 때문에 아직도 투자라고 하면 막연히 위험한 투기, 더 나아가 도박과 연관 지어 생각하는 사람들이 많다. 그들은 '주식은 나와 상관없는 일' 이라는 관점을 유지하면서, 열심히 일해서 은행에 저축하는 것이 최고의 방법이라고 믿는 듯 하다.

그저 남들이 돈을 벌었다니까 '나도 한 번 해볼까' 라는 생각으로 투자를 시작하는 사람들도 많다. 투자를 시작하는 것 자체는 긍정적이라고 생각되지만, 왜 하는지 정확한 목표가 없으면 도중에 그만 두기 십상이다. 지속적으로 가격이 움직이고 그러한 변동을 보고 있는 것은 이익이 나거나 손실이 나거나 늘 두려움을 수반하기 때문이다. 그래서 수익이 발생해도 빨리 이익을 실현시켜 수익을 제한하거나, 아니면 가장 공포스러울 때 시장에서 탈출하고 투자 자체를 포기하게 되는 경우가 많다. 가장 공포스러울 때란 당연히 손실이 커져서 감당하기 어려운 때일 것이다.

투자의 목적은 보통 세 가지 정도로 본다. 재산을 모으는 것, 재산을 지키는 것, 재산을 불리는 것 정도이다. 이 세 가지는 때로는 명확히 분리되어 사용되기도 하지만, 때로는 그렇지 않을 때도 많다. 다만 투자를 함에 있어서 스스로가 구분을 명확히 할 필요는 있다. 그리고 이 세 가지의 주체는 본인이 되어야 한다. 앞으로 평생 해야 하는 것이고 모든 책임을 본인이 져야 하기 때문이다. 또 그 과정에서 얻게 되는 지식은 향후 경제활동에 있어 합리적 선택의 기준이 되는 방법을 제시할 것이다.

주식형 펀드시장에서는 크게 두 가지 유형이 있다. 그중 하나는 액티브 펀드(Active fund)이다. 액티브 펀드 매니저에게 투자의 목적은 시장, 즉 남들보다 더 많이 돈을 벌기 위해서이다. 이들은 시장은 비효율적이고 리서치를 통하여 시장을 이길 수 있다고 생각한다. 또 하나는 패시브 펀드(Passive fund)이다. 패시브 펀드 매니저에게 투자의 목적은 시장, 즉 남들 정도의 수익을 내기 위해서이다. 이들은 시장이 효율적이고 시장을 장기적으로 꾸준히 이기는 것은 어렵다고 믿는다.

액티브 펀드의 투자 관점을 개인투자자에게 적용하면 투자는 '돈을 벌기 위해서'이다. 남들보다 많은 돈을 벌어 재산을 늘려 나가는 것을 목표로 한다. 반면에 패시브 투자의 관점에서 투자의 이유를 묻는다면 답은 '남들이 하니까' 또는 '하지 않으면 안되니까'이다. 패시브 투자자에게 투자의 목적은 돈을 잃건 말건 그저 남들 정도의 수익을 추구하는 것이다.

패시브 관점에서 가장 중요한 것은 재산을 지키는 것이다. 적극적으로 돈을 벌고 재산을 늘려 나가는 것 만이 투자라고 생각한다면 큰 욕심 안 부리고 열심히 저축하면서 사는 것도 괜찮다. 하지만 재산을 지키기 위해서는 투자하지 않으면 안 된다. 돈을 들고 있다고 해서 재산이 지켜지는 것이 아니다. 여러 위험에 노출되고 만다. 따라서 방어적인 측면에서, 잃지 않기 위해서, 또는 현재의 경제적 지위를 유지하기 위해서 그리고 그것을 바탕으로 더 발전하기 위해서 투자를 해야 한다. 앞으로 더 얘기하겠지만 흔히 말하는 '헤지(hedge) 투자'가 바로 그것이다. 헤지라고 하면 공격적인 헤지 펀드를 떠올리게 되는데, 원래는 '울타리'라는 뜻으로 위험을 막는다는 개념이다. '내 재산을 어떻게 지킬 것인가', '내가 가지고 있는 자산 가치의 하락을 어떻게 막을 것인가' 하는 문제들이 투자의 핵심 과제이다. 주식에 투자하는 것이 투기일까? 주식과는 담 쌓고 사는 사람들이 볼 때는 다 똑같은 투기로 보이겠지만, 어떤 사람들에게는 실제 투기가 맞고 어떤 사람들에게는 위험을 막기 위하여 어쩔 수 없이 해야하는 헤지이다.

액티브와 패시브 중 어떤 방식이 정답이라고 하기는 어렵다. 두 방식 모두 중요한 의미가 있으며, 경우에 따라 어떤 방식을 취할지 선택을 해야 한다. 어떤 경우에는 시장을 이기는 투자를 해야 하며, 어떤 경우에는 시장을 따라가는 투자를 해야 한다. 재산을 모으고 지키고 불리기 위해서 투자를 하는 것이고, 이 목적에 맞는 포트폴리오를 갖추기 위하여 자신만의 투자 원칙을 세워야 한다.

나만의 원칙을 세워라.

원칙이 필요한 이유

사람의 두뇌는 완전하지 못하다. 때로는 눈으로 보지만 믿어서는 안 되는 시각적인 착각, 즉 착시효과를 일으키는 것처럼 가짜 약을 먹으면서도 효과가 있다고 느끼는 위약 효과

같은 인지적 착각도 일으킨다. 그러한 착각에서 비롯된 비합리적 선택 또는 그런 선택을 하려는 경향을 경제학에서는 인지 편향이라고 부른다.

우리는 매일 수많은 의사결정을 한다. 아침에 정신이 들자 마자 당장 일어날지 5분 뒤에 일어날지 같은 사소한 것부터, 회사에서 중요한 판단까지 의사결정의 연속이다. 이러한 의사결정 과정에 우리의 인지 편향은 합리적 의사결정을 방해한다. 투자의 세계에서도 인지적 오류를 일으키는 상황이 빈번히 발생한다. 예를 들면, 처음 접하는 정보를 나중에 접하는 정보보다 우선시 한다거나, 자신이 일단 선택한 결정은 더 긍정적으로 보려고 하는 것 등이 바로 그것이다. 지구가 둥글다는 주장을 받아들이는 데 시간이 오래 걸린 것도 기존에 지구가 평평하다는 기존의 믿음을 깨고 싶지 않았기 때문이다. 심지어 자신과 다른 생각을 이야기하는 사람들은 죽여서라도 입을 막아버렸다. 로또 당첨자를 보고 본인도 로또 당첨자가 될 수 있다는 기대 또는 착각을 하는 것도 인지 편향이다. 실제로 외국에서는 로또 당첨자를 공개하기도 하는데, 당첨자의 공개와 당첨 소감 발표 같은 것들이 나오면 로또 판매량이 늘어난다고 한다. 2002년 노벨경제학상 수상자인 카너만의 실험에 따르면 창업자들은 한결같이 자신들은 100% 성공할 것으로 확신하지만, 5년 뒤 기업의 생존율은

35%에 지나지 않는다.

  폴 부르제의 소설에 나오는 '생각하는 대로 살지 않으면 사는 대로 생각하게 된다.' 는 말은 인지 편향의 사례를 적절히 지적한 것이다. 이 말을 투자자에게 적용한다면 생각하는 대로 투자하지 않으면 투자된 대로 생각하게 된다. 주변에 주식 투자자들과 이야기를 하다 보면 그의 포트폴리오는 그의 말 속에 여실히 묻어 나온다. 본인이 많이 보유하고 있는 주식에 대해서는 좋은 점만 이야기한다. 어느 주식이건 호재도 있고 악재도 있지만 그의 말에 따르면 악재는 시장에 다 반영되어 있고 호재는 아직 반영되지 않았다. 반대로 본인이 보유하지 않거나, 적게 보유한 주식에 대해서는 긍정적인 반응을 기대하기 어렵다. 실제로 본인들이 지속적으로 모니터링하고 분석한 결과가 그럴 수도 있지만, 선후 관계를 자세히 보면 적당히 좋아 보이는 주식을 고르고 추후에 끼워 맞추는 식으로 논리를 만들어 가는 경우도 많다. 전문가들은 조금 낫긴 하지만 크게 다르지 않다. 웃기는 현실이지만 어쩔 수 없다. 인간의 본성이다. 주식을 주로 운용하는 어느 전문가는 TV에 나와서 부동산이고 뭐고 다른 거 다 필요 없고 주식만 하라고 한다. 그의 주장을 학술적으로 풀어보면 부동산이나 다른 자산들은 지배 원리에 따라 비효율적인 자산이므로 선택하면 안 된다는 것이다. 그런 분들의 부동산 관련 지식이 어느 정도인지는 모르지만, 아마도 그런 지식이나 분석과는 무관하게 어쩌다 보니 주식 관련 일을 하게 되었고, 그렇기 때문에 그렇게 생각하는 것이라고 생각한다. 부동산의 경우도 마찬가지이다. 모든 자산이 다 그렇듯이 오를 이유도 많고 내릴 이유도 많다. 그런데 보통 집을 가지고 있지 않은 사람들은 집값이 비싸고 앞으로 내릴 것이라고 생각한다. 집이 있는 사람들은 집값이 아직 저평가되어 있거나, 고평가되어있다 하더라도 앞으로도 이런 현상이 지속되어 최소한 내리지는 않을 것이라고 생각한다.

모든 투자 자산을 대하는 태도가 그렇다. 일단 투자를 했으면 긍정적으로 본다. 그러다가 시장환경이 바뀌고 부정적인 뉴스가 나와 투자방향을 바꿀 충분한 이유가 있을 때에도 좀처럼 생각은 바뀌지 않는다. 그런 뉴스는 애써 무시하고 외면한다. 담대해서가 아니다. 본능적으로 위험을 회피하면서 진화해온 인간은 자신이 투자한 자산의 가격이 오를 때 갖게 되는 즐거움보다 내릴 때 갖게 되는 공포를 더 크게 느끼기 때문이다. 한마디로 무서워서 피하는 것이다. 그러다가 그 자산의 가격이 더 하락하면 참다 참다 못 참고 팔게 된다.

이러한 편향은 카너만 등 여러 학자들이 밝힌 바와 같이 어느 개인의 문제가 아니라 인간의 본성에서 기인한다. 확실한 원칙이 없다면 흔들릴 수밖에 없다. 눈에 보이는 손실과

이익의 변화를 보는 것은 사람의 심리를 불안하게 만들게 되고, 그렇게 되면 본능이 시키는 대로 휩쓸린다.

우리의 행동을 더욱 합리적이고 최선의 의사결정에 이르게 하기 위해서는 미리 정한 원칙이 필요하다. 착시 효과는 한 부분 만을 떼어보거나, 자로 재거나 하는 식으로 실체를 볼 수 있다. 원칙의 역할은 착시 효과에서 자와 같은 역할을 할 것이다. 합리적인 틀 안에서 더 깊이 있는 사고를 바탕으로 하는 원칙을 통하여 이러한 인지 편향을 해결해 나갈 수 있고 그렇게 해야 한다.

나에게 맞는 투자 원칙

남에게 맞는 원칙이 나에게는 맞지 않는다. 개개인의 부에 대한 태도와 경제적 상황은 각각의 얼굴처럼 모두가 다르다. 일단 삶의 방향과 목적, 핵심적인 가치가 다르다. 누군가는 확률은 낮지만 일확천금을 꿈꾸기도 하고, 다른 누군가는 젊어서 고생하더라도 안정적으로 벌어서 노후에 안락한 삶을 택하고 싶어하기도 한다. 각기 다른 현재 상황도 다른 원칙이 요구되는 이유이다. 학교 선생님처럼 일정한 소득이 정년까지 보장되는 직종에 종사하는 사람들과 평균 근속년수가 짧은 일반 직장인의 투자는 달라야 한다. 집이 있는 사람과 없는 사람의 투자도 달라야 한다. 나이가 젊은 사람과 많은 사람도 마찬가지이다. 이민을 고려하는 사람과 한국에서 노후를 보낼 사람도 당연히 다른 투자를 해야 한다. 이런 관점에서 어느 하나의 잣대로 개개인의 투자를 설계하거나, 다른 사람의 기준으로 본인의 투자 원칙을 정하는 것은 실효성이 떨어지고 그저 참고하는 수준에 만족해야 한다.

대부분의 금융기관에서 제공하는 서비스는 평균적인 국민들을 대상으로 한다. 평균이라는 것은 통계적 개념일 뿐이다. 합리적인 것처럼 보이지만, 무작정 적용하기에는 위험한 부분이 있다. 한국인의 평균수명이 82세라고 해서 개개인이 모두 80세 이상 사는 것도 아니고, 1인당 GDP가 3만불이라고 해서 모두 3만불을 버는 것도 아니다. 사람에 따라 나이도 다르고, 지금까지 이뤄놓은 부의 축적도 다르고, 직업의 안정성도 다르고, 연금이 보장하는 수준도 다르고, 부양가족수도 다르고, 사는 지역도 다르다. 각자 자신의 상황에 맞게 그리고 삶의 목표에 맞게 조심스럽게 일반화를 하는 것이 우리가 통계 숫자를 잘 활용하는 방법이라고 생각한다.

투자에서 가장 중요한 것 중 하나가 투자의 원칙을 정하는 일이다. 항목이 많을 필요도 없고 학술적으로 완성도가 높을 필요도 없다. 다만 장기적인 관점을 견지하는 것이 중요하다.

전문적인 지식 없이 투자에 성공한 사람들도 많다. 하지만 투자 원칙 없이 성공한 사람은 거의 보지 못하였다. 원칙 없이 투자하더라도 단기적으로 수익이 나는 경우도 있다. 하지만 계속 반복해서 무원칙으로 일관하거나 부화뇌동한다면 그 결과는 대부분 후회를 부르게 된다.

기본적으로는 패시브 투자에서 출발하는 것이 바람직하다. 적당히 남들 하는 만큼, 시장 비중으로 투자하면서 가지고 있는 자산이건 가지고 있지 않은 자산이건, 펀드의 기준이 되는 벤치마크 지수 비중 대비 초과하여 투자하였건(오버웨잇, overweight), 적게 투자하였건(언더웨잇, underweight) 계속 모니터링하면서 혹시 있을 지 모르는 위험에 대비하는 방식을 취한다. 이것이 가장 안전한 투자이다. 그것을 전 자산에 포괄적으로 적용한다. 패시브 투자만 하다 보면 다른 경쟁자들보다 우수한 성과를 내는 것은 포기해야 한다. 그렇다고 불가능한 것은 아니다. 경쟁자들이 모두 액티브 투자를 하다가 실패하면 남들보다 상대적으로 우수한 성과를 보이기도 한다.

거기에 액티브 요소를 일부 가미한다. '일부'라는 말은 '감내할 수 있는 위험 한도 내에서'라는 의미로 보면 된다. 물론, 액티브하게 운용한다고 항상 좋은 성과를 내는 것은 아니다. 그래서 액티브한 운용을 하더라도 위험관리가 중요하고 자신이 감내할 수 있는 위험 한도를 명확하게 사전에 정해놓는 것이 중요하다. 위험관리만 제대로 된다면 액티브한 운용도 유용하다고 생각한다. 시장이 대체로 효율적이지만 항상 시장이 맞지는 않기 때문이다. 어쨌거나 슛을 쏴야 골이 나온다. 혹시 모른다. 시장이 틀리고 내가 맞을 지도.

이제부터 자신에게 맞는 투자 원칙을 정하고 그 원칙에 따른 투자 방법을 찾아보도록 하자. 이 책이 독자들의 투자 원칙을 정하는 데 도움이 되기를 바란다.

어떻게 나의 투자 원칙을 세울 것인가

투자 원칙을 세우기 위한 첫번째 단계는 투자자 자신에 대해서 정확히 파악하는 것이다. 먼저 재산 상태를 알아야 한다. 재산 상태는 단순히 부동산, 주식뿐만 아니라 퇴직연금이나 보험 등 전반적인 금융자산도 포함한다. 현재 소득과 소득의 안정성, 성장성 등 소득의 장기적인 흐름도 알아야 한다. 그리고 그 소득을 어떻게 소비하고 저축 또는 투자하고 있는지도 중요하다. 투자의 시작이 되는 종자돈과 투자가 가능한 레버리지 수준이 소득에서 결정되기 때문이다. 또한 지금 당장 소득이 끊긴다면 몇 달이나 버틸 수 있을지도 생각해 보자. 그리고 자신의 투자 성향도 파악하고 있어야 한다. 사실 투자 성향은 개별 자산 투자에는 별로 중요하지 않을 수 있으나, 전체 포트폴리오 차원에서는 매우 중요하다.

그리고 벤치마크를 정해야 한다. 각자에게 적절한 벤치마크를 정하는 것이 투자의 시작이다. 흔히 기업들이 다른 뛰어난 기업이나 상품을 베껴와서 합법적인 테두리에서 자사의 경영방식이나 상품에 적용하는 것을 벤치마킹한다고 하는데, 그것과 비슷하다고 보면 된다. 비교할 수 있는 대상을 벤치마크라고 하며 보통 투자에서는 투자에서 발생하는 수익을 평가하기 위한 기준을 말한다. 포트폴리오에서 주식, 부동산 등 자산을 얼마나 담을 것인지의 기준점이 바로 벤치마크이다. 현실에서 만나는 어떤 인물의 포트폴리오일 수도 있고, 가상의 인물이라도 상관 없다. 이쨌거나 본인에게 맞는 벤치마크를 정해야 한다. 그리고 궁극적으로는 그 벤치마크에 가깝게 가도록 하는 것이 투자 원칙의 핵심이다. 즉, 장기적으로는 목표를 벤치마크로 삼아서 거기에 도달하고 넘어서도록 하는 것이고, 현재의 내 좌표를 확인하는 것부터 출발한다. 단기적으로는 자금 분배를 설정하여 무엇을 사거나 팔 것인지, 또 어떻게 사거나 팔 것인지를 결정해야 한다. 또한 이러한 전체적 과정에 대하여 지속적이고 구체적인 피드백이 유지되어야 하며 이에 대한 실시간 대응 계획을 가지고 있어야 한다.

오해 1. 가장 안전한 자산, 현금.

만일 어른들에게 "장미빛 벽돌로 지은 예쁜 집을 봤어요 창에는 제라늄이 있고 지붕에는 비둘기가 있고요."라고 말하면 어른들은 그 집이 어떤 집인지를 생각해 내지 못한다 그들에게는 "십만프랑짜리 집을 봤어요"라고 말해야 한다. 그러면 그들은 "야 참 멋진 집이구나!"라고 소리를 지른다.

생텍쥐베리, 어린왕자

흔히 현금은 가장 확실한 자산이고 가장 안전한 자산이라고 말한다. 다른 모든 자산은 어느 날 갑자기 오르거나 내리는데 항상 그 가치를 유지하는 것은 현금 밖에 없다는 것이다. 오늘의 만원은 내일도 만원일 것이고 언제든지 만원으로 인정을 받을 것이라는 이야기이다. 거래가 가능한 모든 자산은 다 돈으로 가격이 매겨져 있고 실제로 돈으로 평가를 한다. 기업체들이 투자자에게 제공하는 재무제표를 보면 그 회사의 모든 가치가 돈으로 환산되어 있다. 우리는 돈을 기준으로 모든 자산의 가치를 판단하려고 한다. 또한, 우리는 아주 오랜 시간동안 투기는 악의 근원이라는 강박을 안고 사는 것 같다. 돈을 조금이라도 더 벌고자 불확실성에 투자하는 모든 행동은 저속한 일이고, 돈을 벌기 위해 감수하는 모든 모험이 투기라는 사고의 틀 속에서 부를 가진 사람에 대해서 적개심까지 갖고 있는 듯 하다. 하지만 상대가치가 변하고 있을 때 돈 중심의 사고는 위험할 수 있다.

경제학에서는 화폐는 세 가지 기능을 수행한다고 말한다. 첫째는 교환의 매개수단으로서의 기능이다. 간단히 정리하면 돈이 없으면 물물교환 형식으로 거래를 해야하고 서로 원하는 물건을 상대방이 가지고 있지 않으면 거래 자체가 성립될 수 없어 불편하다는 것이다. 예컨대 닭을 팔아서 쌀을 사려는 사람은 쌀을 팔아서 닭을 사려는 사람을 만나지 않으면

욕구를 충족할 수가 없다. 이럴 때 적절한 매개수단이 있으면 닭을 키우는 사람은 닭을 팔고 그 매개수단으로 쌀을 살 수 있다. 둘째는 가치 척도로서의 기능이다. 모든 상품의 가치는 '원'이라는 화폐단위로 표시가 가능하여 사람들은 재화와 서비스의 가치를 쉽게 알 수 있다. 아무 상관없어 보이는 두 상품, 운동화와 이발비를 비교할 수 있게 해주는 것이 바로 돈이라는 것이다. 셋째는 가치의 저장수단으로서의 기능이다. 지금 당장 쓰지 않더라도 나중에 무엇인가를 살 수 있다. 경제학자들은 '현재의 구매력을 미래로 이전하는 데 사용되는 수단'이라고 표현한다.

모두 우리 경험상 당연한 말이다. 그리고 이런 기능을 갖추지 못했다면 돈이라고 할 수 없다는 것도 우리는 상식적으로 이해한다. 여기서 하나하나 되짚어 보자. 교환의 매개수단으로서의 기능은 화폐 만한 것이 없다. 가치척도로서의 기능도 화폐는 탁월하다. '빵 한 개에 천원'이라는 말이 의미를 갖는 이유이다. 하지만, 다른 자산은 가치척도로서의 기능이 없는 것일까? 모든 가치를 화폐 중심으로 볼 때 발생하는 생각의 오류들이 어떤 결과로 나타나는지 확인할 필요가 있다. 그리고 화폐가 가지고 있는 가치저장의 기능이 다른 자산 대비 얼마나 충실히 수행되고 있는지 깊이 있는 사고가 필요하다. 만일 그런 화폐의 기능들이 우리가 생각하는 것보다 미

흡하다면 어떤 방식으로 우리는 우리의 자산 구성을 최적화하기 위하여 어떻게 투자해야 할 것인지의 문제는 자연스럽게 풀릴 것이다.

사실 이미 많은 사람들이 현금의 가치가 하락하여 물가가 오르는 현상, 즉 인플레이션이 지속적으로 발생하고 있다고 경고하고 있다. 과거 물가지수의 흐름을 보면 금방 알 수 있다. 하지만, 물가지수라는 것이 여러 상품의 가격을 묶어놓은 다소 추상적인 개념이기 때문에 딱히 와 닿지는 않는다. 뉴스에서 '장바구니 물가'라는 얘기를 종종 하는데, 문제가 되기도 하다가 또 어느새 잠잠해지기도 한다. 우리는 모두 노동과 상품의 대가로 돈을 받는다. 이 돈이 없어지면 아까운 생각이 든다. 애초에 돈에 익숙해 있기 때문에 돈을 중심으로 생각하는 경향이 있다. 즉, 현금을 잣대로 다른 투자자산을 평가한다. 이제부터 현금을 다른 자산과 동일한 투자자산이라고 생각하자. 침대 길이를 판단할 때, 1미터니 2미터니 하는 것은 의미가 없다. 사람 키를 기준으로 침대의 길이를 잰다면 도량형은 보조적인 도구가 된다. 아이가 커 나가면서 침대 길이가 바뀌어야 하는 것이다. 부동산 가격이 너무 올랐다면 미친 부동산 가격이 문제일 수도 있지만, 동시에 상대적으로 투자 자산으로서 현금이 너무 바보 같은 자산일 수도 있다는 생각을 해 보자.

금리와 인플레이션

여기 1억원의 자산을 가진 두 명의 사람이 있다. 한 사람은 그 돈을 은행에 넣어놓고 매년 천만원의 이자를 받고 있고, 다른 한 사람은 그 돈으로 오피스텔을 샀고, 그 오피스텔에서 매년 천만원씩 월세를 받는다고 가정하자. 세금 등 다른 조건과 불확실성 때문에 반드시 그렇게 시장이 형성되지는 않지만 일단 그렇다고 하면 두 사람은 현재 비슷한 수준의 부를 가지고 있다고 할 수 있을 것이다. 그런데 어느 날 갑자기 금리가 반으로 내린다면 어떤 일이 벌어지게 될까? 당연히 은행에서는 예금을 한 사람에게 매년 천만원이 아닌 오백만원만 지급하게 될 것이다. 하지만 그가 가진 통화로 환산되는 원금의 가치는 변함이 없다. 즉, 계좌에 찍혀있는 1억원은 그대로이다. 그렇다고 해서 자신의 자산에 변화가 없다고 생각해도 될까? 이번에는 오피스텔을 소유한 사람의 자산가치를 보자. 월세는 크게 바뀌지 않아서 매년 천만원씩 나오고 있다. 기존의 월세 천만원이 유지된다면 이 자산의 가치는 예금의 두 배가 될 것이다. 즉, 오피스텔 가격은 2억이 될 것이다. 경제학에서는 그 이유를 '보이지 않는 손'이 작동하여 균형을 찾기 때문이라고 설명하고 있다. 현금을 은행에

보관했던 사람을 다시 생각해 보면 그는 '상대적으로' 반으로 가난해진 것이라고 봐야 한다. 현금 1억원이 그대로 있다고 나의 부가 그대로 유지된다고 생각하면 절대 안 된다. 물론 반대로 금리가 오른다면 그 반대의 흐름이 전개될 것이다. 즉, 실물자산을 가진 사람들은 가난해지고 현금을 가진 사람들은 상대적으로 더 많은 부를 갖게 된다.

금리를 올리거나 내리거나 하는 것은 이처럼 누군가의 돈(정확히는 부)을 빼앗아서 다른 사람에게 주는 행위이다. 우리나라 금리가 10% 위에서 머물던 시기를 기억하는 사람들은 아마도 등골이 오싹할 것이다. 내가 이 글을 쓰고 있는 지금의 우리나라 국고채 3년물 금리는 0.95%이다. 반이 아니라 10분의 1도 안 되는 수준으로 떨어졌다.

금리와 통화가치의 관계를 이야기하고자 하는 것이 아니다. 돈의 가치에 영향을 주는 것이 금리 만도 아니다. 내가 강조하고자 하는 것은 오늘 만원의 가치가 현금을 기준으로 보면 내일도 만원이지만 다른 자산을 기준으로 보면 내일 그 정도의 가치로 평가되지 않을 수도 있다는 것이다. 다른 자산들과 마찬가지로 현금도 그냥 가변적이고 상대적인 가치를 지닌 여러 자산 중에 하나라는 관점을 갖는 것이 중요하다는 것이다.

주식 가격의 변화와 통화가치의 변화

　전체 부의 포트폴리오 관점에서 볼 때, 주식을 가지고 있을 것인지, 현금을 가지고 있을 것인지의 문제는 어떤 자산이 더 위험한가의 문제로 접근하면 안 된다. 현금의 관점에서 보면 오늘 만원하는 주식이 내일 만천원이 될 수도 있고 9천원이 될 수도 있어서 위험한 자산이라고 생각될 것이다. 이것이 주식을 투기로 보는 시각의 근원이다. 하지만 그 주식의 관점에서 볼 때 현금이 똑같은 위험을 가지고 있는 것이다. 환율을 예로 들어보자. 미국 사람들이 미국 달러를 기준으로 아르헨티나 페소를 보면 매우 변동성이 큰 자산으로 보일 것이다. 현금만이 기준이라면 아르헨티니 사람에게는 아르헨티나 페소는 아무 문제가 없다. 미국 달러의 변동성이 너무 큰 것이다. 결국 물가가 문제가 되어야 아르헨티나 페소에 문제가 있다는 것을 인지하게 된다. 현금의 관점에서 본다면 구두 한 켤레가 10만원이라는 것은 10만원을 주면 구두 한 켤레를 살 수 있다는 얘기지만, 구두의 관점에서 본다면 구두 한 켤레로 10만원을 얻을 수 있다는 얘기도 된다. 구두 가격이 두 배로 올라서 20만원이 되었다면, 구두의 관점에서 10만원은 반 켤레에 해당된다. 즉, 구두 반 켤레로 현금 10만원을 살 수 있다는 것이다. 구두 한 켤레는 언제나 구두 한 켤레이고 구두의 관점에서 본 현금의 가격이 반으로 줄어든 것이다. 모든 가치 척도가 땅으로 되어 있고 돈은 그저 투자자산이라고 생각한다면 땅 한 평으로 돈을 얼마나 살 수 있는지 가치를 잴 수 있을 것이다. 만약 현금은 일정량만 존재하고 땅이 계속해서 넓어지는 세상에 우리가 살고 있다고 가정해 보자. 아마도 땅의 상대적 가치는 계속 내려갈 것이다. 투자자산의 관점에서 본 현금이 그렇다. 돈에 더 많은 가치를 두어야 할 이유는 없는 것이다. 무엇인가를 얻을 때 치르는 대가가 모두 돈이라고 한다면 꼭 돈이 우리가 아는 화폐일 필요는 없다. 이처럼 자산의 가치는 항상 상대적이고, 이런 시각에서 본다면 어떤 자산이 더 위험한지를 논하는 것은 의미가 없고 전체적인 포트폴리오 차원의 접근이 핵심이다. 현금만 가져가는 것도 위험하고 주식만 가져가는 것도 위험하다.

〈그림 1〉은 흔히 통화의 가치를 나타내는 지표인 우리나라 소비자물가지수의 그래프이다. 1965년 1월 2.6에서 시작한 소비자물가지수는 2020년 12월 현재 105.7까지 올랐다.

〈그림 1〉

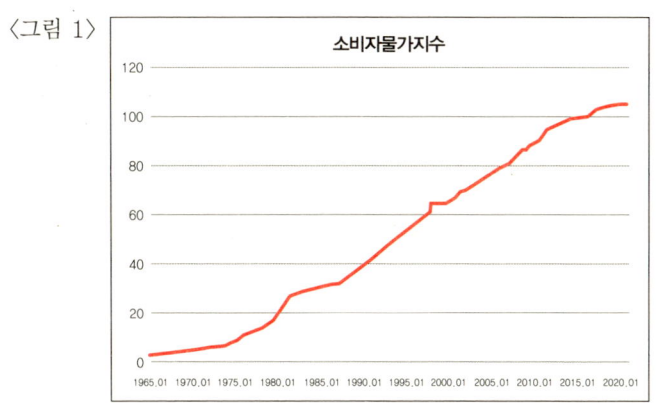

출처:한국은행 경제통계시스템 http://ecos.bok.or.kr/

　소비자물가지수도 현금의 가치를 나타내는 중요한 지표이지만, 주된 투자 자산인 부동산이나 주식이 빠져있어서 상대적 부를 분석하기에는 적합하지 않다. 그래서 정확한 비교를 위해서는 그 자산과 직접 비교하는 것이 빠를 것이다.
　〈그림 2〉는 코스피지수의 그래프이다. 물론 현금의 관점에서 만들어진 그래프이고, 지수가 1000이라는 얘기는 한 단위가 얼마인지는 모르겠지만 현금 1000단위를 줘야 지수를 살 수 있다는 얘기로 보면 된다. 지수가 3000이라는 것은 현금을 3000단위를 줘야 지수를 한 단위 살 수 있다는 것이다. 중간중간 신규 상장 등의 이벤트가 발생해서 조금 차이는 있지만 큰 흐름에서는 무시해도 될 것 같다. 1976년을

기점으로 100에서 출발하여 굴곡은 군데군데 나타나지만 대체로 우상향하는 모습을 보인다. 즉 시간이 지남에 따라 더 많은 현금을 줘야 같은 양의 지수를 살 수 있다는 의미이다.

〈그림 2〉

출처:한국은행 경제통계시스템 http://ecos.bok.or.kr/

〈그림 3〉은 같은 자료에서 숫자를 역수로 한 그래프이다. 이 그래프의 의미는 코스피지수의 관점에서 바라본 현금의 가치이다. 즉 지수 한 단위로 현금을 몇 단위 살 수 있는가를 알려주는 그래프이다. 지수의 관점에서 본다면 현금의 가치는 지속적으로 하락하고 있다. 즉, 일정량의 현금단위를 사기 위해서 지불해야 하는 코스피지수의 단위 수가 지속적으로 줄어들고 있다는 의미이다.

〈그림 3〉

주가지수의 관점에서 본 현금의 가치는 그 어려웠다는 IMF시기에 266단위까지 올라갔다가 현재는 35단위 밑으로 떨어진 상황이다. 문제는 앞으로도 이런 상황이 지속될 것인가 하는 것이다. 통화의 가치가 앞으로 하락할지 상승할지 어떻게 알 수 있을까? 경험적으로는 지속적으로 하락하기만 했지만 앞으로도 그렇게 될까? 현금 말고 다른 자산은 어떻게 될까? 그런데 잠깐! 우리가 미래를 정확하게 알 수 있을까? 아는 방법이 있기는 한 것일까? 만약 우리가 미래에 대해서 모른다면 도대체 어떤 포트폴리오를 가져야 할까?

오해 2. 모르면 하지 마라

당신이 하는 일이 문제가 아니다.
당신이 하지 않고 남겨두는 일이 문제다.
해 질 무렵
당신의 마음을 아프게 하는 일이 그것이다.

마거릿 생스터, 하지 않은 죄

투자의 상대성 원리

우리의 지식은 제한적이다

　투자에 필요한 지식을 모두 안다는 것이 가능할까? 어떤 기업에 대한 주가를 예측하는 과정을 보면 먼저 그 기업의 매출과 이익 등을 추정을 한다. 그러기 위해서는 이 회사의 상황을 정확히 알아야 한다. 이 회사의 상황이라는 것은 거시 경제적 관점에서 경기 상황, 경쟁 관계 등에 대한 전반적 상황과 이에 따른 회사의 성장과 관련된 전반적 상황을 말한다. 그리고 그 기업 주식에 대한 수요와 공급도 분석을 해야 한다. 즉, 나무와 숲을 동시에 봐야 한다. 기업의 재무제표 뿐만 아니라, 많은 거시적 경제 요인, 기업간의 연관성 등 하나의 기업에 미치는 영향이 한 두가지가 아니기 때문이다. 뭉뚱그려 얘기를 했지만, 어느 한 단계 한 단계 만만한 것이 없다. 불확실성이 너무 크다. 기업 하나의 주가를 예측하기 위해서는 어쩌면 세상의 모든 지식이 필요할 수도 있다. 더군다나 우리는 한정된 시간 안에 살고 있다. 물론 그런 요인들을 전부 분석할 수 있다면, 일정 부분 미래를 예측할 수도 있고, 그에 따른 수익이 창출될 수도 있을 지도 모르겠다. 실제로 최근 트렌드인 빅데이터 분석의 궁극적으로 추구하는 바는 그런 것일지도 모르겠다. 그러나, 아직까지는 그러한 분석이나 시도가 의미있는 결과를 만들어냈다는 소식을 듣지는 못했다. 어쩌면 주식시장이 생긴 이래, 늘 시도되는, 그리고 시간이 지나면서 무용지물이 되어 버리는 새로운 분석 기법일 수도 있다. 투자업에 있어서 현실은 통계적 기법 몇 개 짜집기 해서 본인들도 확신하지 못하는 투자기법을 오로지 마케팅으로 포장하여 안정적으로 높은 수익을 낼 수 있다고 투자자를 현혹하는 경우가 대단히 많고, 오히려 우리는 그런 유혹을 과감히 떨쳐낼 필요가 있다. 물론 의미가 없는 시도는 아닐 것이고, 그런 분석으로 우리는 새로운 지식을 얻을 수는 있을 것이다. 하지만, 주가지수같은 시장의 미래를 시장보다 더 잘 예측하는 것은 어려워 보인다. 현재의 주가가 모든 투자자의 지식이 집결된 집단 지성이라고 이해하는 것이 타당하다.

오래 전부터 많은 경제의 구루들은 시장은 예측이 어렵다는 주장을 지속적으로 하고 있다. 보이지 않는 손, 효율적 시장, 균형, 마팅게일 과정 등 미세한 차이는 있지만 크게 보면 표현만 달라졌을 뿐이다. 시장에서 수많은 의견들이 교차해서 만들어지는 것이 가격이다. 주식이고 부동산이고 다들 거품이라고 할 때도 그 가격이 유지되는 것은 누군가는 다른 정보와 다른 판단으로 사고 있기 때문이다. 반대로 다들 바닥이라고 생각하는데도 가격이 계속 내린다면 누군가는 팔고 있기 때문이다. 흔히 부동산 관련해서 비관적인 견해를 가지고 있는 사람들이 하나 같이 하는 논리의 근거는 인구구조론이다. 실제로 통계청에서 발표하는 인구총조사를 보면, 향후 한국 인구는 2028년까지 소폭 증가 후 감소하여 2067년에는 3천 9백만 명에 이를 것으로 전망된다. 그렇다고 서울 집값이 빠진다고 믿는 것은 위험한 생각이다. 같은 자료에 나와 있는 세계 인구 추계를 보면 현재 77억명에서 2067년에 104억명으로 늘어난다고 한다. 35%가 증가한다는 얘기다. 뉴욕의 인구가 줄어들까? 동경은? 상파울루는? 아마도 늘어날 것이다. 서울 같은 대도시에 대한 수요는 아마도 더 커질 것이고 전 세계에서 더 많은 사람들이 서울에 몰려들 가능성이 더 크다고 보는 것이 더 합리적이지 않을까 생각한다. 그렇다면 서울의 집값은 유지되거나 더 오르지 않을까? 절대 가치와 상대 가치를 동시에 고려할 때, 서울 집값이 오른다면 수도권과 지방의 집값도 아마도 따라서 오르지 않을까? 굳이 국내의 통계만 집착하지 않는다면 다른 상황도 얼마든지 도출할 수 있다. 혹시 오해를 할 지 모르겠다. 집값이 오를 것이라고 얘기하는 것은 절대 아니다. 자산 가격은 그렇게 단순한 것도 아니고 한 면만을 강조하며 호도하고 있는 사람들을 경계해야 한다는 것이다. 지금 시장 가격은 무수히 많은 낙관주의와 또 그 만큼의 비관주의가 만들어낸 균형인 것이고, 미래에 어떻게 가격이 형성될 지는 시간의 흐름에 따라 두 세력간의 힘의 균형에서 결정된다는 것이다. 그리고 그 예측을 하는 것은 매우 어렵다는 얘기다. 당장 내년 집값도 모르는데 30년 뒤 집값을 이야기 하는 게 무슨 의미가 있겠는가.

모르면 모르는 만큼 제한적인 지식 범위 안에서 적정 위험과 수익을 수반한 투자가 더 바람직하다. 모른다고 외면하면 위험한 상황이 될 수 있다. 그리고 모든 것을 다 알고 있다고 가정하지도 말자. 우리는 라플라스의 악마가 아니기 때문이다.

몬티 홀 문제

행동경제학에서 몬티 홀 문제는 인간의 비합리성을 강조하는 대표적인 사례중 하나이다. 몬티 홀 문제는 미국의 어느 TV 쇼에서 유래한 문제이다. 몬티 홀은 이 게임 쇼의 진행자 이름이다. 문제의 내용은 이렇다.

참가자 앞에는 문이 세 개 있다. 하나의 문 뒤에는 자동차가 있고, 나머지 두 문 뒤에는 염소가 있다. 여기서 참가자는 문 하나를 선택하고 그 문 뒤에 있는 선물을 가져가게 된다. 염소는 그냥 '꽝, 다음 기회에'라고 보면 된다. 참가자가 먼저 선택을 하고 진행자는 참가자가 선택하지 않은 다른 두 문 중에서 염소가 들어 있는 문 하나를 열어서 보여주고 참가자는 다시 선택을 할 수 있는 기회가 주어진다. 예를 들어 참가자가 1번 문을 선택했을 때, 게임 쇼 진행자는 3번 문을 열어 문 뒤에 염소가 있음을 보여주면서 1번 대신 2번을 선택하겠냐고 묻고, 참가자는 다시 선택을 하게 된다. 참가자가 자동차를 가지려 할 때 원래 선택했던 번호를 바꾸는 것이 유리할까?

가위바위보를 하는 사람들을 연구한 결과 이기면 자신의 선택을 바꾸지 않고 유지하려 하고 지면 선택을 바꾸는 이른 바 승유패변(win-stay, lose-shift)의 법칙이 있다고 한다. 몬티 홀 문제에서 사람들이 어떤 선택을 더 많이 했는지는 확인하지 못했지만, 아마도 처음 선택 후 문이 열렸을 때, 나온 염소는 참가자가 일단 반은 맞았다는 착각을 불러 일으키지 않았을까 생각된다.

이 문제에서 확률적으로는 두번째 선택에서 처음 선택을 바꾸는 것이 더 유리하다. 문제를 확장시켜 보자. 이번에는 문 세 개가 아니라 100개가 있다고 가정하자. 참가자는 한 개를 고르고, 진행자는 참가자가 고른 한 개와 다른 한 개의 문 만을 남겨두고 모두 열어서 보여주고 참가자에게 다시 고르라고 한다면 참가자는 어떻게 해야 할 것인가? 예를 들어

투자의 상대성 원리

참가자가 26번 문을 골랐을 때, 진행자가 1번부터 25번까지 모두 열고, 27번부터 85번까지, 그리고 87번부터 100번까지 모두 열어서 그 안에는 염소가 있다는 것을 알려 주었다고 하자. 이제 참가자가 선택할 수 있는 것은 자신이 고른 26번과 진행자가 남겨 둔 86번 두 개의 문이다. 26번을 고수하겠는가, 아니면 86번으로 바꾸겠는가?

원래 문제로 돌아가서 처음에 참가자가 자동차를 선택할 확률은 3분의 1이다. 반대로 만약 참가자가 염소를 고르겠다고 생각하면 확률은 3분의 2로 두 배 높아진다. 나는 이 문제의 본질은 염소를 먼저 두 마리 골라내는 것이라고 생각한다. 한 마리는 참가자가 3분의 2라는 (상대적으로)높은 확률로 그리고 또 한 마리는 정답을 알고 있는 진행자가 100%의 확률로. 그리고 나머지 하나의 문에 자동차가 있다고 상황을 거꾸로 보는 것이다. 참가자가 처음 한 번에 자동차를 고르겠다고 마음먹는 순간 염소를 고를 확률이 높아진다. 어떤 경우에는 모른다고 가정하면 정답에 좀 더 쉽게 다가갈 수 있다. 어차피 시장의 미래는 정확히 알지도 못한다.

오히려 안다고 생각할 때, 어설프게 알 때가 더 위험한 때이다. 사람들은 특정 분야에 대해 잘 모를수록 자신의 능력을 과대평가하는 경향이 있는데, 이를 더닝 크루거 효과라 한다. 안다고 생각하지만 실제로는 모를 때도 많다. 콜럼버

투자의 상대성 원리

스가 미 대륙을 발견하기 전에도 세계지도가 있었다. 지도 제작자들은 마치 우주에서 본 것처럼 빈 칸 없이 빼곡하게 모든 땅과 물을 기록했지만, 실제 그들이 아는 범위는 극히 한정되어 있었고, 나머지는 판타지 피시 게임용 지도에 지나지 않았다. 용과 거인이 사는 화산 하나 정도는 있어도 되고 없어도 되는 그런 지도 말이다. 1525년에 인쇄된 살비아티 세계지도에는 비로소 아메리카 대륙의 동안이 그려지고 왼편으로는 빈칸이 생기기 시작했다. 뭔지는 모르지만 모르는 것이 있다는 것을 인지하기 시작한 것이다. 어떤 신화나 설화는 수천 년 동안 사람들에게 생명의 근원과 목적에 대한 물음에 답을 해왔지만, 인류가 여기에 대해서 힌트나마 제대로 얻기 시작한 시점은 종의 기원이 출판된 1859년이다.

그래도 아는 게 낫다고 말하는 사람들도 있겠지만, 실제 서점에 가서 투자 관련 서적을 보면 위험한 말들이 많다. 한두 가지 원리만 알면 빠른 시간 안에 부자가 될 것처럼 현혹하는 책들도 많고 과도한 위험을 유도하는 내용들도 많다. 과거 데이터를 분석해서 그럴 듯하게 만든 전략은 과최적화(overfitted)되어 실제로는 전혀 도움이 되지 않는 경우가 많다. 투자를 하면서 더 위험해 진다면 문제이다. 지난 주 로또 번호가 왜 그런 숫자들이 나왔는지 자신들이 개발한 모델로 설명해 준다는 광고도 봤다. 족집게들의 예언을 경계하고 더 안전해 지기 위한 투자를 해야 한다.

항상 투자에는 그 나름의 위험이 따른다. 위험관리를 위해서 가장 중요한 것은 무엇일까? 많은 투자 책에서 가장 우선적으로 하는 이야기가 '충분히 알지 못한다면 투자하지 않는 것'이다. 쉽게 말해 잘 알지 못하면서 위험자산에 투자하는 것은 패가망신의 지름길이라는 것이다. 패시브 투자의 관점에서 볼 때 많은 사람들이 착각하는 것이 바로 이 부분이다.

인식을 하거나 못 하거나, 또는 의도했거나 의도하지 않았거나 우리는 모두가 투자자들이다. 투자의 관점에서 볼 때 우리는 모두 어딘가에 각자 다른 포트폴리오로 투자를 하고 있다. 현금일 수도 있고, 주식이나 부동산일 수도 있고, 보험이나 연금일 수도 있다. 앞서 설명한 바와 같이 현금도 투자이다. 그리고 분명 어딘가에 오버웨잇 포지션을 가지고 있을 것이며, 어딘가에는 언더웨잇 포지션을 가지고 있을 것이다.

더 큰 위험은 투자하지 않는 것이다. 모른다고 투자하지 않는다면 그 자산의 가격 상승에 무방비로 노출되어 있는 꼴이 되고 만다. 모른다면 불필요한 위험을 없애야 한다. 알아도 투자해야 하고 몰라도 투자해야 한다. 그게 안전하다. 그리고 지금 많은 투자자들이 그렇게 하고 있다. 다만 투자를 왜 하는지는 명확히 알아야 한다.

아마도 많은 사람들이 위험관리라고 한다면, 현금을 중심으로 돈을 잃는 것 만이 위험이라고 생각한다. 현금이 중요한 것이 아니다. 부를 모으고 지키는 것이 중요하다.

위험이란 무엇인가

수익의 원천으로서의 위험

"위험이 뭐라고 생각하십니까?" 내가 신입사원 면접 때 항상 물어보는 질문이다. 내가 이 질문을 하는 이유는 우선 금융회사에서 말하는 위험이 일반인들이 이야기하는 위험과 적지 않은 차이가 있기 때문이다. 보통 우리는 위험이라는 단어를 어떤 일이 벌어졌을 때 원하지 않았던 손해를 입을 수 있는 것, 정도의 부정적인 의미로 사용한다. 재무나 금융에서는 위험(risk)을 어떤 투자에서 기대되는 수익과 실제 발생한 수익의 차이로 정의하고 있다.

이런 기준에 따르면 기대 이상의 손실이나 수익 모두 위험으로 보는 것이다. 손실만을 위험으로 보는 일반적인 시각과는 큰 차이가 있으나, 예상 밖의 수익이 가능하다는 말은 반대로 예상 밖으로 손실도 가능하다는 말도 된다는 의미 정도로 이해하면 된다. 따라서, 일반적으로 무조건 피해야 할 것 같은 위험은 금융시장에서는 수익의 원천이고 투자의 이유이다. 만일 어떤 주식의 가격이 오늘, 내일, 1년뒤, 10년뒤 항상 똑같다면 그 주식에 투자할 사람은 없을 것이다. 물론 주가가 내릴 수도 있지만, '상승의 위험'도 있기 때문에 우리는 주식에 투자한다. 그러다 보니 위험은 무조건 피해야 하는 대상이 아니라 조정과 관리가 필요한 영역이 된다. 이처럼 위험의 하단을 어느 정도까지 노출시키면서 상단을 얼마까지 기대할 것인지 정하는 것을 위험관리라고 한다.

장황하게 설명했지만, 투자에 있어 위험관리가 중요하다는 것은 누구나 알고 있다. 그리고 실제로 대부분 자신만의 원칙을 가지고 적절히 위험관리를 하면서 살고 있다. 우리는 전통적으로 어떤 투자를 할 때 절대적인 명목가치를 중요하게 생각하고 그것을 보호하고 변동성을 줄이는 것을 위험관리라고 믿고 있다.

숏 베팅과 상승 위험

가상의 시장을 생각해 보자. 어떤 시장에 1억원을 가진 투

투자의 상대성 원리

자자 '갑'이 있다. 갑의 투자 목표는 남들보다 뒤쳐지지 않는 것이다. 남들이 다 높은 성과를 내면 갑도 그 정도 성과는 나와야 한다. 물론 투자 성과가 더 높으면 더 좋다. 남들이 다 안 좋은 성과를 내는 상황이 되면 갑도 그 정도는 용인할 수 있다. 이 시장에 자산은 'A'과 'B', 두 개만 존재한다. 현재 시장 비중은 'A'와 'B'가 반반씩, 즉 각각 50%씩으로 구성되어 있고 다른 사람들은 다들 그렇게 자신들의 자산을 구성하고 있다.

이런 상황에서 갑이 'A' 자산이 오를 것으로 전망하고 1억을 전부 'A' 자산에 투자했다고 하자. 이제 'B'의 가격이 'A'보다 더 많이 오르게 되면 갑은 다른 사람들보다 낮은 수익률을 얻게 되고, 'B'의 상승 위험에 노출되는 것이다. 다행이 갑의 전망이 적중해서 'B'는 가격 변동이 없었는데, 'A'는 10%가 올랐다면, 갑의 자산은 1억천만원(=1억원 + 1억원 * 10%)이 되어 10%가 오른 반면, 다른 사람들은 평균적으로 5%(0.5 * 0.1 + 0.5 * 0.0)의 상승에 그치게 된다. 그러면 갑은 시장, 즉 남들보다 5%의 초과성과를 얻게 된다. 반대로, 시장이 갑의 전망과 다르게 움직여서 'B'는 10%가 올랐는데 'A'는 전혀 오르지 않았다면 갑의 자산의 가치는 그대로 1억원이고 수익률은 0%인데 반해 시장은 5%가 상승하여 갑의 자산은 시장을 5% 언더퍼폼하게 된다. 이처럼 투자자가 영향을 받는 것은 가지고 있는 자산뿐만 아니라 가지고 있지 않은 자산도 마찬가지이다. 갑이 그 시장을 벤치마크로 하는 투자자라면 위험을 최소화하기 위해서는 단순히 시장 비중대로 담으면 된다. 즉, 자산이 1억이라면 5천만원씩 'A'와 'B'를 담으면 된다.

한가지 더 생각해 보자. 두 주식 모두 10%씩 올랐다면, 결과적으로 갑의 투자성과는 벤치마크인 시장 수익률과 같겠지만, 이 투자자가 부담한 위험도 같은 것인가? 성과도 중요하지만 어떤 위험을 가지고 있는지도 같이 봐야 한다. 현재까지의 성과도 중요하지만 현재 포지션에 따라 발생할 수 있는 사전적 위험도 함께 관리해야 보다 효율적인 결과를 만들어 낼 수 있다.

상황을 바꿔보자. 'A'자산은 가격이 계속 변동하는데, 'B'자산의 가격은 변함없이 항상 그대로이다. 갑도 이 사실을 알고 있다. 다만 'A'자산에 대해서는 아는 바가 없다. 'B'자산에 대해서는 "'B'자산이야 뭐, 내가 잘 알지.'라고 생각한다. 그래서 100% 'B'자산에만 투자했다고 한다면, 'A'자산의 가격이 떨어지면, 남들보다 높은 수익을 얻게 된다. '꼴좋다. 그렇게 위험한 투자를 하더니' 라고 생각할 것이다. 반면에 'A'자산의 가격이 오르면 남들보다 못한 투자수익을 얻게 되는 것이다.

만일 여기서 갑이 'A' 자산에도 반을 투자했다면 남들과 유사한 수익을 얻게 된다. 반면에 수익률은 'A' 자산 가격 변화에 따라 변하게 된다. 'A' 자산에 투자를 하는 것과 하지 않는 것, 둘 중에 어떤 것이 더 위험하게 느껴지는가?

갑의 위험의 원천은 'B' 자산에 대해서 안다고 믿고 있었지만, 'B' 자산의 'A'에 대한 상대가격에 대해서는 아는 바가 없다는 데에서 시작한다. 이 관계를 모르면 우리는 'B' 자산에 대해서도 모른다고 봐야 한다.

벤치마크가 주어졌을 때 어느 자산에 대해서 벤치마크 비중보다 오버웨잇하는 경우 롱베팅을 했다고 표현한다. 반대로 언더웨잇하는 경우에는 숏베팅을 했다고 한다. 보통 숏은 주식이 없는 상태에서 공매도를 할 때에 쓰는 용어지만, 벤치마크가 주어졌을 때에는 언더웨잇하는 경우에도 숏베팅이라는 표현을 쓴다. 어떤 자산에 몰라서 또는 전망을 비관적으로 봐서 투자를 하지 않았을 때, 즉 숏베팅을 했을 때, 그 자산의 가격이 오르게 되면 위험해 진다. 이런 경우를 '업사이드 리스크에 노출된다'라고 표현한다.

부동산을 갖지 않은 사람들에게 물어보면 형편이 안 되어서 못 산다고 하는 사람들도 있고, 너무 비싸서 안 산다고 이야기하는 사람들도 있다. 간혹 꼭 있어야 하는 이유를 모르겠다고 말하는 사람들도 있다. 이 중에서 비싸서 안 샀다고 하는 말은 곧 가격이 많이 하락하면 사겠다는 뜻이다. 즉, 가격하락에 베팅하고 있다는 의미이다. 투기적 숏 플레이를 하고 있는 것이다. 비싸서 안 산 것이 투기라는 것이 말이 되냐고? 투기 맞다. 향후 가격이 내려가면 중립화할 목적으로 현재 의도적으로 언더웨잇한 경우 숏 베팅이고 투기이다. 포트폴리오를 관리해 본 사람은 누구나 수긍할 것이다. 혹시라도 '나는 투기꾼이 아니다.' 또는 '그런 생각은 아니었다.'라고 항변하는 사람들이 있을 수도 있겠다. 그 분들께는 미안하다. 실제로 그들은 그냥 투기나 투자를 하지 않았다고 믿고 있을 것이다. 하지만 포트폴리오라는 투자의 그림판 위에 올려놓고 보면 그 행태는 전형적인 투기적 숏 플레이이다. 그렇게 볼 수 밖에 없다. 그 분들을 비난하고자 하는 것은 아니다. 나는 투기가 나쁘다고 생각하시도 않는다. 다만 나도 모르는 사이에 나도 모르는 곳에 위험이 노출되어 있다는 것을 얘기하고자 하는 것이다. 부를 지키기 위해서 그 위험을 막는 것이 필요하다.

진정한 위험

　절대적인 명목가치도 중요하다. 아무리 부자도 투자에서 조금이라도 손실이 나면 기분이 나쁘다. 인간의 본성이라 어쩔 수 없다. 하지만 그런 사고에 너무 매몰되면 우리가 하려는 투자의 본질인 부를 지키려는 노력 자체를 퇴색하게 된다. 최악의 경우는 이런 것이다. 주식가격이 올라가면 '왜 빨리 사지 않았을까' 하는 자책을 하며 일단 산다. 오르면 더 오를 것을 기대하면서 버틴다. 그러다가 가격이 내려서 손실이 발생하면 '손실 보고는 절대 안 팔아'하고 버티다가 더 빠지면 고민을 시작하고 결국 버틸 수 없을 정도로 하락했을 때 판다. 그러면서 '역시 나는 투자는 안돼, 주식은 절대 하지 말아야지'라고 생각한다. 그러다가 다시 자산 가격이 올라가면 또 불안해지고 다시 투자를 시작하는 것이 반복된다.

　전망이론은 카너만과 트버스키의 역작이고 이 연구를 비롯한 공로를 인정받아 카너만은 노벨경제학상을 받았다. 이 이론의 내용은 간단히 말하면 사람은 100만원을 얻을 때의 기쁨보다 100만원을 잃을 때 느끼는 박탈감이 더 크다는 것이다. 이것이 주식 시장으로 연결이 되면 주식에 투자해서 수익이 났을 때는 매일 쳐다보면서 즐거워하고, 손실이 나면

쳐다보지도 않고 외면하게 된다. 결과적으로 수익이 발생하면 안달이 나서 일찍 팔아버리고, 손실이 나면 일단 피하고 외면하면서 계속 끝까지 버티는 상황으로 내몰린다는 것이다.

이런 사람들의 속성을 생각해 볼 때, 100명이 있고 50번째에 해당하는 부를 가진 사람이 40번째가 될 때의 기쁨보다 60번째가 될 때의 박탈감이 더 심하다는 것은 미루어 짐작할 수 있다. 부의 양극화는 바로 그런 것이다. 일단 먹고 사는 문제가 해결된 우리 사회에서 경제 활동 중에 직면하게 되는 가장 중요한 위험은 우리 사회의 부의 지도가 바뀔 때 거기에 편승하지 못하고 양극화에서 소외되는 것이다. 양극화는 개인적으로 박탈감을 유발하여 불행한 사회 구성원을 양산하게 되고, 공동체 내에서 불평등을 심화시키고 결국 갈등을 일으키는 요인이 된다.

양극화의 원인은 크게 두 가지로 나눌 수 있다. 하나는 소득으로 인한 양극화이다. 글로벌화와 같은 경제환경 변화, 제조업과 서비스업, 대기업과 중소기업 등 생산성 차이 심화 같이 일반 개인이 단기간에 극복하기는 어려운 부분이다. 다른 하나는 자산가치 변화에 따른 양극화이다. 우리 사회에서 개인들이 경험하고 있는 양극화는 어쩌면 이 원인이 더 큰 것 같다. 간단히 말해 누구 연봉이 얼마나 올랐는지 보다는 누구 집 값이 얼마나 올랐는지 때문에 양극화가 발생하고 있다는 것이다. 양극화가 심화되고 사회적 문제로까지 옮겨가는 것은 주로 소득이 아닌 자산 가치에서 시작한 것으로 보인다. 그리고 이러한 상황은 여기서 멈추지 않고, 자산에서 나오는 소득이 차이가 나기 시작하면서 소득과 자산가치의 양극화가 동시에 진행된다. 한마디로 소득의 양극화보다는 자산가치의 양극화가 문제의 시작인 것이다.

최근에 우리는 이미 그런 경험을 했다. 서울을 중심으로 부동산 가격은 폭등했고, 부동산을 소유하지 못한 사람들은 '벼락거지'라는 표현을 쓸 정도의 박탈감을 느끼고 있다. 부동산 가격이 너무 비싸다고 생각이 들 수도 있다. 그러나 앞으로 더 오를지 내릴지 알 수가 없다.

'카탄의 개척자들'이라는 보드게임이 있는데, 이 게임은 주사위를 던져서 얻는 자원이 반드시 필요하다. 그러나, 자원을 많이 얻는 것도 중요하지만, 게임을 이기기 위해서는 자원을 활용해서 자산을 늘여야 한다. 그렇지 않으면 점수를 올리는 것도 힘들거니와 가끔 두 주사위의 합이 7이 되면 막대한 손실을 입기도 한다. 현실을 매우 잘 반영한 게임이라고 생각된다.

차를 끌고 야외로 나가서 음식도 해먹고 차에서 자기도 하는 것을 '차박'이라고 하는데, 최근 TV에서 차박에 관한 프로그램이 인기를 끌고 있다. 얼핏 생각하기에 낭만적이기도 하고 재미있는 모험을 하는 것 같기도 하다. 일본에서는 '차중박'이라고 부르는 똑같은 유행이 과거에 있었다. 요즘 일본에서 차중박이라고 하면 주택을 갖지 못한 사람들이 월세도 감당하지 못해 집없이 차에서 숙박하는 것을 말한다. 한마디로 떠돌이 생활이다. 조금만 교외로 나가도 빈집 투성이라는데 이게 웬 말인가 싶기도 하지만 양극화가 심화된 결과라고 이해하면 된다. 집값이 비싸다고 집값 빠질 때 기다리다가 더 올라버리면 선택할 수 있는 것이 많지 않다.

양극화에서 소외되지 않기 위해서 투자를 해야 한다. 부동산뿐만이 아니다. 주식에도 투자를 해야 하는 것이다. 우리나라 주식시장의 시가총액이 2천조원이고 우리나라 인구가 5천만명이라면 1인당 평균은 4천만원이다. 4인 가정이라면 평균 1억6천만원이다. 외국인, 기관 등 개인과 무관한 투자를 고려하면 그 보다는 작은 규모일 것이지만 대략의 기준을 생각해야 한다.

한 경제 내에서 모두가 다같이 가난해지는 상황은 리스크로 고려할 사항이 아니다. 비약일지 모르지만 어느 날 원화가 10분의 1로 디노미네이션 되었다고 하자. 다른 조건이 일정하다고 가정하면 모든 자산의 가격이 전체적으로 10원이 1원이 되는 것이다. 은행에 있던 1억원은 갑자기 천만원

투자의 상대성 원리

이 될 것이다. 천만원짜리 자동차는 백만원에 거래될 것이고, 1억원짜리 오피스텔도 천만원으로 떨어질 것이다. 내 돈의 10분의 9가 사라졌어도 이런 상황은 전혀 리스크가 아니다. 펀드의 수익률이 나빠지더라도 벤치마크의 상황에 따른 것이라면 펀드매니저는 부담을 덜 수 있는 것도 같은 이유이다. 극단적으로 말하면 다 같이 못살게 되는 것은 개인의 위험이 아니다.

모른다면 중립이다

'가만히 있으면 중간은 간다'는 말이 있다. 투자에서는 가만히 있으면 중간 가기가 매우 어렵다. '모르는 자산에는 투자하지 않는다'는 것은 투자자들에게 상식인 것 같다. 어느 정도는 맞는 말이다. 나도 잘 모르고 주변 사람들도 잘 모르고 언론에서도 잘 다루지 않는 생소한 투자는 하지 않는 것이 좋다. 그 모르는 자산 가치의 변화가 나에게 미치는 영향이 미미하기 때문이다. 그런 투자는 사기일 가능성도 매우 높다.

투자의 상대성 원리

　그렇지 않고 많은 사람들이 보편적으로 하고 있는 투자 자산이라면 패시브 관점의 투자자들은 다르게 접근한다. 잘 모른다고 하더라도 그 자산의 가치가 나에게 미치는 영향이 크다면 위험을 줄이기 위해서 투자를 해야 할 필요가 있다. 즉, 숏베팅의 리스크를 줄이기 위해 투자를 하는 것이다.
　모르는 자산에 어느 정도로 위험에 노출시킬 것인지 결정하는 것이 문제의 본질이다. 즉, 감내할 수 있는 정도의 위험을 적절하게 취하는 것이 투자의 핵심이다. 단순한 가상의 포트폴리오를 운용하는 투자자 '갑'을 다시 한 번 떠올려 보자. 이번에는 시장이 채권과 주식이 각각 반 정도 되어 벤치마크 지수는 채권 50%와 주식 50%로 설정되어 있다. 두 자산의 가격 변화는 갑의 수익에 어떻게든 영향을 주게 된다. 갑이 만약 극도의 위험회피형 인간이어서 원래 주식을 싫어하는 사람이었고, 주식에 대해서 충분한 지식도 없는 상황이다. 가장 안전한 포트폴리오는 어떤 포트폴리오일까? 주식을 아예 비우고 펀드에는 채권만 채우거나, 반은 채권을 반은 현금으로 채울 수도 있다. 이런 경우에 만약 주식의 가격이 오르고 채권의 가격은 그에 못 미치게 된다면 이 펀드매니저의 펀드 수익률은 시장에 못 미치는 결과가 발생한다. 어떤 자산에 몰라서 또는 전망을 비관적으로 봐서 투자를 하지 않았을 때, 그 자산의 가격이 오르게 되면 위험해 진다. 그런 위험으로부터 우리 자신을 보호하는 안전한 포트폴리오는 시장 비중에서 크게 벗어나지 않게 투자하는 것이다. 모른다면 남들과 비슷하게 보유하고 그 자산의 가격의 변화가 나의 상대적인 부에 영향을 미치지 않도록 해야 한다. 모르면 하지 말라는 얘기는 모를 때는 롱베팅이나 숏베팅을 하지 말라는 얘기로 이해하면 된다. 벤치마크만큼, 시장만큼, 남들 하는 만큼, 즉, 중립포지션을 취해야 한다.

본인의 포지션에 대해서 정확하지는 않지만 대충 알 수 있는 간단한 방법이 있다. 어떤 자산, 예를 들어 부동산을 생각해 보자. 집 값이 오른다는 뉴스를 들으면 왠지 기분이 나쁘고 화가 난다. 그리고 예전에 배우자가 어느 지역 부동산을 (추가로) 사자고 했을 때 못 산 것이 후회된다. 부동산 가격을 못 잡는 정부를 욕하게 된다. 반대로 집 값이 빠진다는 뉴스를 접하면 기분이 좋아진다. '역시 내 판단이 옳았어.' 그렇다면 당신은 숏 포지션이다. 반면에 집 값이 오른다는 소식에 왠지 발걸음이 가벼워지고 세상이 아름답게 보인다. 집 값이 빠진다면 정부 탓을 한다. 다시 오를 것이라고 스스로를 위안하게 된다. 당신은 롱 포지션이다.

중립 포지션을 가진 사람들은 이런 사람들이다. 어지간한 가격 변동에는 관심도 안 생기고 무감각해진다. 뉴스에 내가 사는 집이 나와도 그 뉴스 내용에 별 감흥이 없다. 그냥 TV

에 나오니까 반갑고 신기한 정도이다. '오르면 오르나 보다, 내리면 내리나 보다' 하는 것이다.

이런 분류가 정확하지는 않다. 자신의 정확한 포지션을 모르는 경우인데, 이 역시 현금 중심으로 생각하면 그럴 수 있다. 금전적 여유가 있으면서도 좁고 허름한 집에서 살고 있는 사람을 생각해 보자. 분명 그 집은 좁아서 불편할 것이고, 더 넓은 집으로 이사를 가야 한다. 즉 숏 포지션이다. 그럼에도 불구하고 집값이 내리는 것을 우려하는 사람들이 있다. 집 값이 내려가면 현재 살고 있는 집과 더 좋은 집 사이의 가격, 즉 스프레드가 좁아지고 더 넓고 좋은 집으로 옮기는 것이 용이해진다. 빚이 많아서 담보 가치 하락으로 인하여 타격이 심하다면 모를까 어지간한 경우에는 집값이 빠지는 것이 더 유리하다.

주식도 마찬가지이다. 주변에 보면 가지고 있는 자산에 비해서 얼마 안되는 규모의 주식을 들고 있으면서 조금 손해봤다고 아쉬워하는 경우가 더러 있다. 한 친구가 그런 상황에 있을 때, "잘 됐네. 더 사." 이 말을 하고 싶었지만, 워낙 상심하는 모습에 기다리면 오를 것이라는 위로의 말만 했던 경험이 있다. 나중에 만난 그는 흥분해서 그 때가 기회였고, 그 때 더 사고 싶었는데 다른 일로 바빠서 더 사지 못했다고 후회 섞인 말을 했다. 사람들은 자주 이렇다.

오해 3. 빚내서 투자하지 마라.

가난한 친척들이 진 빚을 갚을 일이 없었다면
나는 예술작품을 창조하느라고 고민하지 않았을 것이다.

B. 미켈란젤로

TDF(Target dated fund)에 관하여

　TDF는 투자자의 은퇴시점(Target date)에 맞춰 생애주기를 따라 포트폴리오를 조정하는 자산배분 펀드로 최근 우리나라 펀드 시장에서 큰 인기를 끌고 있다. 연금 투자가 보편화된 미국에서도 은퇴 준비에 많이 활용되는 상품이라고 한다.
　예를 들면 30대 투자자들은 주식에 80%를 투자하고 안전자산, 즉 채권에 나머지를 투자하다가 나이를 들어감에 따라 주식 비중을 낮추고 채권에 더 많이 투자하다가 은퇴 이후에는 대부분을 채권에 투자하는 방식을 취한다. 그렇게 투자를 하는 근거는 이렇다. 씩씩하고 용감한 젊은이들은 더 공격적으로 돈을 모으고 싶어하니까 적극적으로 투자를 해야 하고, 나이 먹어서 노후자금은 손실이 나면 안되니까 안정적으로 유지해야 한다는 것이다. 이렇게 말하면 TDF를 투자자의 위험성향에 맞춘 상품이라고 오해하기 쉽다.
　바람직한 투자 방법이라고 생각한다. 패시브 투자의 관점에서 한 마디 덧붙이자면 이런 기계적인 방식의 자산배분보다는 궁극적으로 갖출 포트폴리오로써 벤치마크를 정하고 현재 시점에 배분하는 것이다. 이러한 과정에서 두가지 이슈가 발생한다.

먼저 벤치마크를 제대로 정하고 이를 반영하기 위해서는 향후 본인의 소득을 전체적으로 고려해야 한다. 그러기 위해서 투자자는 자신의 소득원의 성격에 대한 명확한 개념을 가지고 있어야 한다. 지금 다니는 회사에서 정년퇴직을 할 수 있는 분위기인지, 얼마나 용이하게 업종 내 이직이 가능한지, 승진하면 소득이 얼마나 증가하는지, 승진에 대한 불확실성은 크지 않은지, 연 평균 임금상승률은 어느 정도인지 하는 문제들, 그리고 혹시 지금 회사를 경영하거나, 창업을 목표로 하고 있다면 그 회사의 위험도는 어느 정도인지 하는 문제들을 함께 고려해야 한다. 결론적으로 향후 소득에 대한 크기와 분포를 파악해야 한다는 것이다.

또 하나는 그 과정에서 위험자산부터 먼저 채워 넣는 것이 더 효과적이라는 것이다. 그 이유는 시간을 감안할 때 자산 가치의 불확실성이 투자자의 향후 소득의 불확실성보다 크기 때문이다. 위험한 자산을 먼저 사서 중립화하는 것이 중요하고 현금성 자산은 나중에 채워 넣어도 된다.

현금성 자산이 많다면 위험자산을 더 많이 사야 한다. TDF의 관점은 향후 살면서 발생할 수익을 현금성 자산으로 인식하는 것이다. 그렇게 보면 젊은 사람들의 포트폴리오는 투자 자산은 적고 현금성 자산은 많이 가지고 있는 것이다.

따라서 위험자산을 더 많이 포함시키는 구조로 운용해야 한다.

다만 아쉬운 것은 대부분의 우리나라 TDF는 원금 보전을 중심으로 설계되어 있다. 투자자산 비중이 줄어들 수 밖에 없다. 결과적으로 현금 중심의 사고방식에서 벗어나지 못하고 충분히 효율적인 운용을 하지 못하고 있는 것이다.

저축의 추억

나의 학창시절은 저축은 미덕이었고 부채는 악이었다. 심지어 저축을 많이 한 학생에게 '저축상'이라는 상장을 주기도 했다. '티끌 모아 태산'이라고 조금씩이라도 꾸준히 모으면 누구나 부자가 될 수 있다는 신념을 가지고 살았다. 그런 태도가 나쁘다는 것은 아니다. 일찍부터 절약하는 습관을 기르는 것은 부를 형성하는 데 기초를 만드는 핵심이다. 그러나 그런 절약을 빚을 낸다는 것, 즉 부채를 일으킨다는 것과 반대말의 개념으로 이해해서 절약은 좋은 것, 빚은 나쁜 것이라는 식으로 판단하면 안 된다. 오히려 절약하기 위해서 빚을 내는 경우도 있다. 편하게 그냥 별개라고 생각하자. 절약과 저축, 부채 이런 부분들을 뭉뚱그려 어느 한 쪽을 택하는 것으로 생각하면 기회를 놓칠 뿐 아니라 위험한 포트폴리오로 내몰릴 수 있다.

다만 부채 중에 소비로 인한 부채는 절약의 문제이다. 흥청망청 쓰느라 빚이 생기는 것은 반드시 피해야 한다. 특히 신용카드는 발급이 쉽고 소액 지불이 많다 보니 잘못된 신용카드 사용 습관과 이로 인한 낭비 습관을 갖게 되기 쉽다. 워낙 단기에 갚게 되므로 빚이라는 생각도 안 하게 되는 것 같다. 카드를 적절히 사용하는 것은 절세 혜택과 더불어 신용도 관리 측면에서 도움이 된다. 하지만, 할부나 리볼빙까지 하는 형편이 된다면 득보다 실이 많게 된다. 그런 상황이라면 지금 사정에 맞지 않는 소비를 하고 있다는 얘기일 수 있다. 특히 할부의 경우에 다 기억을 못하게 됨에 따라 향후 예산 관리가 어려워진다. 주변 직장인들을 보면 갑자기 월급이 안 나오는 상황이 되면 당장 다음 달 카드대금 납부가 어려운 사람도 많다. 이런 사람들은 차라리 신용카드를 모두 없애고 현금이나 체크카드를 쓰는 편이 낫다.

저축도 금융상품 중 하나이고 은행만 돈을 버는 것이라는 시각도 있다. 그렇게까지 생각할 필요는 없지만 저축예금이 대중화된 이유는 내 자산의 가치가 변하지 않는다는 믿음 때문이다. 이제는 그런 시각을 바꿀 때가 되었다.

위험관리를 위한 부채

우리는 수도 없이 투자는 절대로 빚내서 하지 말라는 얘기를 들어 왔다. 그래서 빚없이 사는 것을 미덕으로 여기고 빚을 내서 무엇인가 투자하는 것은 매우 투기적이고 그 만큼 위험하다는 생각을 하는 것 같다. 그래서 투자는 '있어도 그만, 없어도 그만'인 돈으로 하라는 얘기도 한다. 그런데 세상에 그런 돈은 없다.

외환을 많이 거래하는 수출입업체들이 하는 환 위험관리 기법 중에 리딩과 래깅이라는 것이 있다. 상황에 따라 결제 기간을 조정하여 수출입대금의 지급을 앞당기는 것을 리딩이라고 하고, 수취를 늦추는 것을 래깅이라고 한다. 이자 측면에서 일부 손해를 보는 것은 분명하지만, 어차피 줄 돈 빨리 주고 받을 돈 조금 천천히 받아서 환율 변동 위험을 회피하는 것이다. 이자에서 까먹는 기회비용보다 위험을 줄이는 것이 더 우선이라는 판단이 될 때 리딩이나 래깅 같은 방법을 쓰곤

한다.

 지금 갖고 있지 않은 자산 중에 나중에는 반드시 있어야 할 자산이라면 이자를 손해 보더라도 돈을 빌려서 사는 것이 더 안전한 방법이다. 그 자산이 변동성이 높은 자산이라면 더욱 그렇다.

 빚을 내서 집을 사면 겁이 난다. 살면서 마이너스 통장 말고는 단 한 번도 빚을 내 본 적이 없는 사람도 많다. 매월 원리금을 꼬박꼬박 내려면 부담스럽다. 그 부담과 더불어 내가 내 돈을 내 마음대로 쓰는 자유를 박탈당하고 강제로 돈을 빼앗긴다는 감정도 생긴다. 심지어 노예가 된다는 느낌이 든다는 사람도 있다.

 보통 월급쟁이의 경우에, 월급쟁이가 아니더라도 일반적인 경우에 1년간 본인이 모을 수 있는 돈은 비교적 근사치를 알고 있다. 하지만 1년 뒤 투자자산의 가격이 얼마가 될지는 아무도 모른다. 불확실성이 크다. 1년 뒤도 잘 모르는데, 10년, 20년 뒤는 말할 것도 없다. 가격 분포가 더 커지게 된다. 더 위험해진다.

 결과적으로 내 집 마련에 성공한 사람들 중에는 돈을 모아서 산 사람보다 빚을 내서 집을 산 사람들이 더 많다. 그 이유는 빚을 내서 부동산을 사는 게 바람직한 방법이라는 생각을 하는 사람들이 많아서가 아니다. 아마도 빚을 내서 내 집 마련을 하는 것 보다는 돈을 모아서 사는 것이 더 바람직하다고 생각하는 사람이 많을 것이다. 그래서 보통 이렇게 계획을 세운다. '내가 1년에 얼마씩 벌면 10년 후에 얼마가 되고 그러면 '저 집'을 살 수 있을 거야.' 그래서 열심히 모은다. 모으다 보면 뭔가 다른 '급히' 돈 쓸 일이 생기고, 10년이 20년이 되고, 돈이 조금 모였다 싶으면 그 동안 집값은 더 올라 있다. 그들 대부분은 돈 모으기에 실패하거나, 돈은 모았으나 더 올라 있는 집값을 보면서 돈을 더 모은다. 돈을 더 모아도 늘 그 정도 부족하다. 망연자실한다. 결국은 인생에서 중요한 게 돈 만은 아니라고 스스로를 위안하며 생활은 점점 어려워진다. 아직 집을 갖지 못한 사람들 중에서 '내 얘기네!' 하는 사람들 많을 것이다.

  이런 패턴이 계속되는 데에는 두 가지 이유가 있다. 첫번째는 돈을 모으는 것 자체가 어려운 일이다. 우리의 의지가 그 만큼 강하지 못하기 때문이다. 그리고 항상 돈 쓸 일 많고 유혹이 많은 현대사회에서 돈을 모은다는 것은 쉽지 않은 일이다. 지금 당장 필요한 소비 리스트에 누구나 30개 정도는 넉넉히 적을 수 있다. 그것을 참아야 돈을 모을 수 있다. 마시멜로 실험은 나이가 먹을 수록 더 비싸고 좋은 물건들로 유혹해 온다. 반면에 부채는 어쩔 수 없이 갚아야 한다. 구속력이 있다. 유튜브에 주로 등장하는 절약 노하우의 기본은 그 구속력을 인위적으로 만들기 위한 장치들을 만드는 것이다. 그런 장치들을 통해서 기획하고, 계획하고, 가계부도 쓰고, 소위 '통장 쪼개기'도 하면서 유혹을 넘어서도록 유도하는 것이다.

두번째는 불확실성이다. 예를 들어 살면서 집은 반드시 있어야 한다고 생각하는데 돈이 없는 상황이라면 돈을 모아서 사는 것보다 지금 사고 돈을 갚아 나가는 것이 위험관리 차원에서 더 낫다. 우리가 조금 더 정확하게 알 수 있는 것은 자신이 일정 기간 동안 모을 수 있는 돈이다. 1년 뒤에 우리가 모을 수 있는 돈의 액수는 매우 비슷하게 맞출 수 있다. 하지만 1년 뒤의 투자 자산의 가격은 아무도 모른다. 통계적으로 말하자면 우리가 모을 수 있는 가치의 분포보다 투자 자산 가격의 분포가 너 넓다는 것이다. 향후 10년간 본인의 소득은 예상에서 크게 벗어나지 않을 가능성이 높지만, 자산 가격은 벗어날 가능성이 높다. 우리가 사려고 마음먹은 '저 집' 가격이 20년 뒤에 얼마가 될 지는 아무도 모른다. 빚을 내서 미리 사고 20년간 갚아 나가는 것이 불확실성을 줄일 수 있는 방법이다. 위험관리 차원에서 훨씬 더 안전한 방법이다. 과거를 돌이켜보자. 10년 전에 예상했던 본인의 총소득이 더 큰 차이가 있는지 본인이 사고 싶어했던 집이나 주식의 가치가 더 큰 차이가 있는지 생각해보면 알 것이다. 오히려 돈이 많으면 사지 않아도 된다. 나중에 올랐으면 오른 대로 내렸으면 내린 대로 사면 된다. 감내할 수 있는 위험 범위 내에 있기 때문이다. 그럴 형편이 안 된다면 그 비싼 자산에 숏베팅을 한다는 것은 감당이 안 되는 일이다.

당위의 차원에서만 생각할 것이 아니라 생존 편의 측면에서도 봐야 한다. 내 집 마련을 목표로 하는 사람 중에서 어떤 사람들이 그 목표에 도달했는지를 보면 된다. 빚을 내서 산 사람들이 많은지, 돈을 모아서 산 사람들이 많은지.

다만 부채를 통해서 투자를 할 때는 분명히 해야 할 것이 있다. 그 투자에서 발생하는 수익을 통해 벌어서 갚겠다고 생각하면 위험하다. 이런 경우는 대체로 단기차익을 노리고 투자하는 경우에 발생하는데 시장 상황이 기대와 반대로 가는 경우를 생각해야 한다. 항상 생각대로 되는 것은 아니다. 우리가 하는 투자는 확정된 값을 사는 것이 아니라, 분포를 사는 것이다. 그 분포에는 우리가 기대하는 결과도 있지만 생각하지 못한 결과도 있을 수 있다. 투자 자산의 가격 하락으로 담보가치가 떨어지고 이자가 늘어날 수도 있다. 회사가 어려워져 급여가 낮아질 수도 있다. 어느 정도의 충격에도 일정 기간 내에 원리금 납입이 가능해야 하고 충분히 모든 부채를 다 갚을 수 있도록 재무계획을 세워야 한다. 이런 전제가 지켜지지 않으면 투자가 자기 파멸적 투기가 되고 만다. 과도한 빚으로 이루어진 투자는 한두 번은 성공할 수 있어도 지속가능하지 않다. 러시안 룰렛을 계속하고 있는 것이라고 보면 된다. 언젠가는 큰 상처를 입게 된다. 아마도 이런 경험을 하게 되면 절대로 빚내서 투자하지 말라고 하게 될 것 같다. 그런 위험을 지지 않는 정도 범위 내에서 어떻게 불확실성을 더 줄일 지를 고민하는 것이 부채를 활용한 투자의 요체이다.

  1997년 외환위기나 2008년 금융위기와 같은 경우를 기대하는 사람들도 많다. 10년 주기설이니 하면서 투자 자산 가격이 폭락하고 금리가 오르고 소득이 줄어 드는 상황에 대비하는 것이다. 그럴 때까지 묵묵히 돈을 모으면서 기다린다. 하지만 다시 그런 일이 벌어지는 경우는 확률적으로 높지 않다. 그리고 주기나 패턴을 찾는다는 것도 쉬운 일이 아니다. 시장은 스스로의 움직임에 많은 단서를 남기지 않는다. 신호라고 생각했지만 잡음인 경우가 대부분이다. 따라서 그런 상황을 기대하고 그 확률에 베팅하는 것은 위험한 일이다. 그리고 미국의 벤 버냉키나 일본의 아베 정권이 보여준 것처럼 위기상황이 되면 금융 당국은 돈을 풀어서 문제를 해결할 가능성이 높다. 그렇게 되면 화폐의 상대적 가치는 더 떨어질 가능성이 높다. 자산 가격 폭락에 대비하고자 한다면 차라리 자산 포트폴리오는 자산 포트폴리오대로 운용하고 지수 옵션 시장에서 적당한 행사가격의 풋옵션을 사라. 그것이 기회를 통째로 날려버리고 양극화에서 소외되는 것을 방지할 수 있는 방법이 될 수 있을 것이다.

그리고 부동산 한 채 가지고 있으면서 가격이 하락할 것을 걱정하는 사람들이 있다. 이런 사고 방식 역시 현금 중심에서 벗어나지 못하고 있는 것이다. 앞서 말한 것과 같이 과도한 빚으로 투자한 것이 아니고 다 갚을 수 있는 수준의 부채 정도라면 크게 걱정할 필요가 없다. 중립인 상황이라고 보면 된다. 지금 가지고 있는 집이 중립 정도의 자산이라면 더 좋은 집 가격과 지금의 집 가격 차이인 스프레드가 줄어 오히려 더 좋은 집으로 갈아탈 수 있는 기회라고 생각하면 편하다. 다주택자로서 부동산에 베팅한 경우가 아니라면 단순한 집값 하락은 양극화와 별 상관이 없다.

너무 멀리 보고 돈을 모아서 뭔가를 하겠다고 하면 미리 포기해 버릴 수 있다. '1년에 모아봐야 얼마나 모은다고. 그걸로 뭘 하겠어?'라는 푸념도 주변에서 많이 들었다. 하지만 절대 그렇지 않다. 매월 10만원이라도 1년이면 120만원이다. 그것만 투자하는 것이 아니고 그 자금을 활용하여 레버리지로 투자해서 더 빨리 원하는 포트폴리오를 갖춰 나가는 것이 위험을 줄이는 방법이다. 모아서 투자를 하려면 모으기 전 마음먹는 단계부터 진이 빠진다. 일단 빚을 내서 투자를 시작하고 원리금을 갚아 나가야 한다. 월급이나 다른 수입으로 일정 기간 안에 부채를 충분히 다 갚을 수 있어야 한다. 항상 위험관리가 최우선이다. 위험관리를 위해서 때로는 적절한 부채가 필요하다.

패시브 투자 전략

나는 그것에 대해 감사하지.
다행히도 내 사업이 배 한 척에만 걸려있는 것도 아니고
한 장소에 달려 있는 것도 아니네.
또 올 한 해의 재수에,
내 전 재산이 좌우되는 것도 아니거든.
그러니 사업은 나의 걱정 거리가 아니라네

윌리엄 세익스피어, 베니스의 상인

패시브 포트폴리오

이론적 배경

　지금까지의 논리가 적절하지 않다는 생각을 하는 사람도 많을 것이다. 하지만 이런 생각의 근거가 최근의 일도 아니고 이런 생각을 가진 사람이 나만 있는 것은 아니다. 자본시장, 특히 주식시장은 수많은 실험이 이루어지고 있고, 각자 가설을 세우고 그에 대한 검증을 하고 있는 곳이다. 가설 자체가 말이 안 되는 경우도 많지만, 의미 있는 실험들도 많고, 정답은 아니더라도 모범답안은 어느 정도 나와 있는 상황이라고 본다. 최근 몇 십년 동안 인덱스 펀드의 성장을 보면 어떤 투자가 더 바람직한가 하는 것은 경험적으로 체득하고 있지 않나 생각한다. 인덱스 투자라는 게 어떻게 보면 정말 재미없는 투자이다. 좋은 종목을 골라 투자해서 몇 배의 수익을 올리는 게 주식투자의 본질이라고 보면 그렇다. 인덱스펀드는 시장 비중을 따라서 밋밋하게 그냥 시장을 따라 간다. 투자자들이 원하는 대박 종목의 희열도 없지만 종목을 잘못 골라서 나락으로 떨어지는 상황도 없다. 하지만 장기적으로 보면 대체로 인덱스 펀드의 성과가 다른 액티브 주식형 펀드보다 높은 성과를 기록한다. 그 결과, 펀드시장에서 투자자들은 점차 인덱스 펀드, 즉 패시브 투자를 선택하고 있다. '전설로 떠나는 월가의 영웅'의 저자 피터 린치가 활약했던 피델리티 인베스트먼트의 마젤란펀드는 미국 시장에서 투자와 동의어로 쓰일 정도였고 한때 펀드 자산이 500억 달러에 육박하였으나, 2000년 4월 뱅가드 그룹의 인덱스펀드가 그 규모를 추월했다.

해리 마코위츠는 1952년 '포트폴리오 이론'을 발표하면서 주식시장에서 위험에 대한 새로운 인식을 심어주는 동시에 '계란을 한 바구니에 담지 말라'는 오랜 격언의 논리적 근거를 제시했다. 여기서 촉발된 현대 포트폴리오 혁명은 윌리엄 샤프를 거치면서 더욱 정교화되었고 이후 시간을 거치면서 인덱스펀드라는 패시브 투자의 형태로 발전했다. 처음 마코위츠가 포트폴리오 이론을 발표한 직후부터 액티브투자와 패시브 투자의 싸움은 계속되었다. 그저 인덱싱을 하는 것이 주식을 분석해서 투자하는 것보다 낫다면, 그래서 실제로 투자자들이 그런 방법을 택한다면, 수많은 액티브 펀드매니저들은 직장을 잃게 된다는 위기의식이 그 싸움의 근간이었을 것이다. 어쨌거나 2008년 글로벌 금융위기는 일단 패시브 투자의 손을 들어주었다. 액티브 투자의 불안정한 수익률이 위험관리 측면에서 허점을 보인 것이다.

개인이 인지하건 안하건, 의도하건 안하건 어느 사회에 속해서 생활을 영위하는 것 자체가 어쩔 수 없이 해야 하는 투자라고 본다. 장기적으로 투자의 결실을 보게 되는 은퇴 이후라는 상황이 온다. 주식투자를 할 때 패시브 투자가 바람직한 것이라면, 사는 것 자체가 투자라는 사고 방식 안에서 바람직한 투자는 우리나라 모든 자산에 대해서도 패시브 투자를 적용하는 것이다. 절대적 관점에서 먹고 사는 것도 중요하지만 상대적 관점에서 누리는 삶의 질도 중요하기 때문이다.

재무제표에 대한 간략한 설명

재무제표는 한 기업의 재무 상태나 경영 성과 등을 보기 쉽게 정리한 표이다. 펀드매니저들이 어느 기업에 대해 분석을 할 때 가장 먼저 하는 것이 재무제표 분석이다. 개인 투자자도 마찬가지이다. 자신의 자산 관리를 잘 하고 있는지를 알기 위한 첫번째 질문은 "당신의 재무제표를 알고 있습니까?"가 되어야 한다. 기업에서만 쓰이는 것이라고 무시하지 말고 가계나 개인의 투자 측면에서도 유용하니 꼭 알아 두자. 학창시절에 회계에 대해서 배운 분들은 다들 기억이 나실 것이다. 상경계열 대학에서 입학하자마자 배우는 것이기도 하다. 재무상태표(예전에는 대차대조표라고 불렀다)와 손익계산서는 기업분석에 가장 많이 사용되는 재무제표이다. 이 정도라도 알아 두자.

재무상태표

재무상태표를 먼저 살펴보자. 재무상태표는 좌우로 반을 나누어 정리한다. 대변, 즉 우측에는 자금의 조달 방법을 정리한다. 즉, 채무자로부터 돈을 빌렸는지, 아니면 주주의 사기자본인지를 구분하여 적는다. 차변, 즉 좌측에는 그 모은 자금을 어떤 형태로 들고 있는지를 정리한다. 토지, 건물, 기계 등 기업의 생산활동을 영위하기 위한 투자만이 아니라, 다른 투자도 가능하고 그냥 현금이나 예금으로 들고 있을 수도 있다. 여기서 어느 한 편의 변화는 동시에 다른 한 편의 변화를 가져오게 되므로 대변과 차변은 항상 일치하게 된다. 예를 들어 차변의 주식 가격이 오르게 되면 대변의 자기 돈이 늘어나는 효과가 있는 것을 생각하면 된다. 대변에서 대출을 받게 되면 현금이 늘어나는 것도 마찬가지이다. 일단 재무상태표는 간단히 이렇게 기억하자.

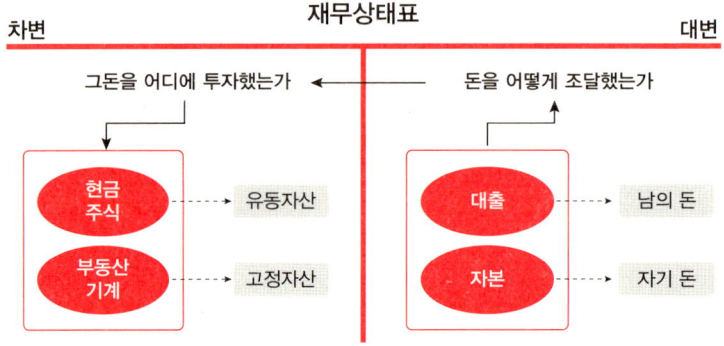

손익계산서

다음은 손익계산서이다. 손익계산서는 이름에서 알 수 있듯이 기업이 일정 기간 동안 얼마나 수익이 났나를 계산해 놓은 표이다. 기업의 본질적인 영업활동에서 나온 수익이 영업이익이고, 그 영업이익에 그 외 활동에서 발생한 손익과 세금을 고려하면 그 해당 기간의 수익이 되는데, 그것을 당기순이익이라고 한다. 처음 보면 복잡해 보이는데, 간단히 말해 수익에서 비용을 뺀 값이다.

손익계산서

매출	− 매출원가
매출총이익	− 판매비 및 관리비
영업 이익	+ 영업외 수익 − 영업외 비용
법인세 차감 전 순이익	− 법인세
당기순이익	

재무상태표와 손익계산서의 관계

재무상태표와 손익계산서는 별개의 정보를 제공하는 수단이기도 하지만 하나의 시스템으로 이해할 필요가 있다. 재무상태표의 자산은 손익계산서의 수익과 비용의 원천이 되고 손익계산서의 당기순이익은 다시 이익잉여금이라는 자본 계정의 한 항목으로 편입이 된다. 즉, 자기 돈이 된다.

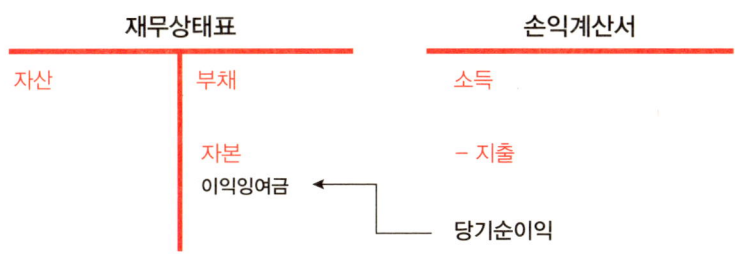

개인 관점에서의 재무제표

이제 눈을 돌려 개인 관점에서 재무제표를 보자. 우리의 재무상태표에는 어느 계좌에도 나와 있지는 않지만 분명한 내 자본이 있다. 매월 돈을 벌 수 있는 노동력을 제공할 수 있는 자본으로서의 나 자신이다. 이 인적 자본의 가치는 미래에 발생할 수익의 근간이 되므로 매우 중요하다. 물적 자산의 크기가 작은 평범한 회사원이나 소상공인에게는 더 중요하다. 그리고 인적 자본에서 나오는 수익의 안정성이 부채의 적정 규모를 결정짓는 요소가 된다.

인적 자본의 경우 자본으로 인식하지 않고 있지만 자본으로 봐야 하듯이, 부채로 인식하고 있지 않지만 부채로 봐야 하는 것이 있다. 식비, 주거비, 병원비 등 앞으로 살면서 누구에게나 꼭 필요한 지출이다. 잔여 생애 기초 지출이라고 하자. 이런 부분은 누가 요구하지 않기 때문에 부채라는 생각을 못하는 경우가 많은데, 반드시 나가야 하는 돈이므로 부채로 인식해야 한다.

이런 부분들을 고려하고 개인 투자자의 재무상태표를 다시 그려보면 다음과 같은 모양이 된다.

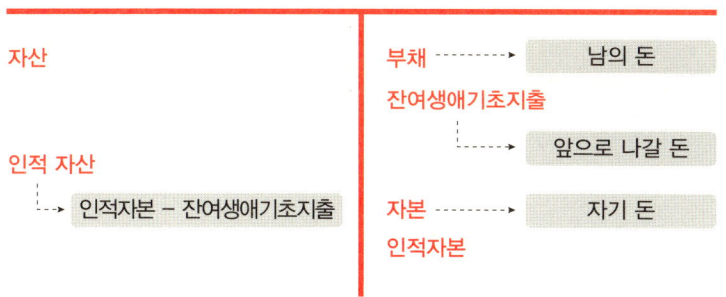

각자가 재무상태표를 작성해 보기 바란다. 거듭 말하지만 자신을 아는 것이 투자의 시작이고 시작이 반이다. 요즘은 유용한 애플리케이션도 많기 때문에 도움을 받을 수 있을 것이다. 참고로 위험을 감수할 수 있는 최대 한도는 자산변동의 최악의 시나리오가 자기 돈과 인적 자본의 합을 넘어서지 않는 범위이다.

국민대차대조표

 포트폴리오에 대한 개념을 처음 활용한 사람들은 유태인으로 알려져 있다. 자세한 자료를 찾아보지는 못했지만, 탈무드 격언에 따라 재산을 3분의 1은 현금으로, 3분의 1은 금으로, 나머지 3분의 1은 부동산으로 각각 분산해서 투자하였다고 한다. 그냥 생각하기 편해서 세 가지 자산에 3분의 1씩으로 정했을 지도 모르지만, 아마도 그 당시 사회의 부와 변동성을 고려했을 때, 대충 그런 비중이 안전한 포트폴리오가 아니었나 생각된다.

 어느 나라의 부를 알고 그 나라의 인구수를 알면 그 나라 사람들의 평균 부의 수준을 알 수 있다. 우리나라 인구수가 5천만명이니까 어떤 투자자가 우리나라 부의 5천만분의 1을 가지고 있다면 평균 정도의 부를 가지고 있다고 말할 수 있을 것이다.

 우리나라 전체 국민들의 재무상태표는 어떤 모습일까? 통계청은 매년 국가 전체의 부를 비금융자산과 금융자산으로 나누어 '국민대차대조표'를 발표한다. 대차대조표가 재무상태표로 이름이 바뀌었지만 통계청에서는 대차대조표라는 옛 명칭을 그냥 사용하고 있다. 이 자료를 볼 때, 유의해야 할

점이 있다. 순자산이라고 표현해 놓은 부분이 재무상태표에서 통상적으로 이야기하는 자본이다. 그리고 자산은 따로 계산해야 하는데, 간단하다. 순자산이 자본이니까 순자산 항목과 금융부채 항목을 더하면 된다. 올해 발표된 '2019년 국민대차대조표'를 보면, 2019년 말 기준 우리나라 국민의 순자산, 즉 자본은 1경6622조원이다. 이중 가계 및 비영리단체의 자본은 9307조원이다. 국민대차대조표에서는 가계부문만 따로 추계하지 않아 가구당 자본 규모를 정확하게 추정하기는 어려우나 가계 및 비영리단체 자본을 대략의 인구수 5천만명으로 나누면 1억8천만원으로 추정된다. 4인 가정이라면 7억2천만원 정도가 될 것이다. 인구수가 아닌 가구수인 2천만 가구로 나누어보면 4억6천만원으로 추정된다. 가계 및 비영리단체의 비금융자산 규모는 7205조원이다. 비금융자산은 대부분이 부동산 관련 자산이고 다른 자산들은 얼마 안 되므로 우리나라 국민들의 전체 부동산 포지션이라고 보면 되는데, 이를 다시 인구수로 나누면 1억4천만원정도 된다. 즉, 우리나라 사람들은 1인당 1억8천만원의 자기 돈과 4천만원의 부채로 대변을 구성하고 있고, 차변의 포트폴리오는 부동산을 평균적으로 1억4천만원 정도 가지고 있고 예금, 주식 등 금융자산은 8천만원 정도로 구성하고 있다. 이를 바탕으로 만들어 본 우리나라 국민의 평균 재무상태표는 다음과 같다.

투자의 상대성 원리

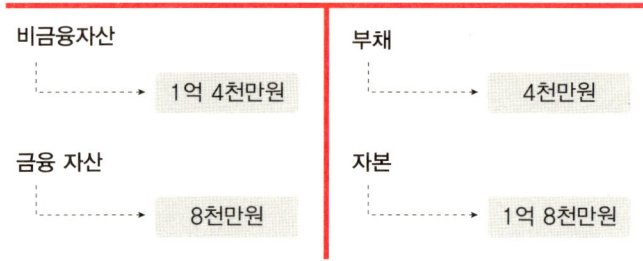

이 재무상태표를 기계적으로 적용하라는 말은 아니다. 다만, 시작점에서는 반드시 참고할 필요가 있다. 여기에 앞 절에서 살펴본 미래 소득과 소비도 고려해야 한다. 그리고 여러 개인적 변수에 대한 추정도 해야 한다

보완 포트폴리오(Completion Portfolio)

주로 연기금이나 운용사에서 활용되는 개념 중에 개인들에게도 도움이 될만한 개념을 하나 소개하겠다. 그들은 안정적 수익이 무엇보다 중요하므로 분산투자를 해야 한다. 그러기 위해서는 직접 운용을 하는 경우도 많지만, 외부 여러 운용 조직에 자금을 맡겨서 위탁 운용을 하면 뚜렷한 색깔을 가진 외부 운용역들의 다양한 시각을 포트폴리오에 담아서 전

체적으로 분산투자를 하게 된다. 그런데 시장 상황에 따라 포트폴리오가 한 쪽으로 쏠리는 경우가 발생한다. 특히, 단기 성과에 몰입하게 되면 더 그런 경향이 심하게 나타난다. 그 이유는 간단하다. 예를 들어, 성장주와 가치주 등 여러 유형의 운용역들에게 자금을 맡겼다고 하더라도 최근 성과를 기준으로 운용역을 재배치한다면 결과적으로 최근에 좋은 성과를 보인 포트폴리오만 살아남게 되고, 이는 필연적으로 쏠림을 유발하게 된다. 퀀트를 연구하는 사람들은 주식 수익률을 구성하는 요소를 쪼개서 분석하고 그 각 요소를 팩터라 부르는데, 이런 쏠림 현상은 팩터의 관점에서 보면 주로 모멘텀 팩터 쪽으로 발생하는 경우가 많다. 이렇게 되면 처음에 의도했던 포트폴리오 분산 효과는 현저히 떨어지게 되고, 한 쪽으로 치우친 포트폴리오를 갖게 되어 원하는 결과를 얻을 수 없게 된다. 이런 현상은 단기적인 성과 평가 때문만은 아니고, 성과 개선을 위하여 포트폴리오를 조정하다 보면 어쩔 수 없이 발생하는 경우가 있다. 이런 경우에는 운용역을 재배치하기 보다는 보완적인 포트폴리오를 추가해서 리스크를 줄이는 방법이 있다. 그렇게 포트폴리오의 균형을 맞추고 초과수익도 지킨다. 이런 방식으로 혹시 발생할 지 모를 위험, 내가 가지고 있지 않은 자산가격의 상승에 대비한다. 이런 경우에 '업사이드 리스크를 헤지한다' 라는 표현을 쓴다. 전체 포트폴리오를 봐야 하고 내 자산 포트폴리오가 어떤 자산을 어떻게 초과해서 담고 있는지 아니면 적게 담고 있는지를 항상 염두에 두어야 한다. 내 자산 중에 어떤 자산이 중립이라면 가격 변동에 크게 신경쓰지 않아도 된다. 내가 중립 포지션 대비 적게 들고 있는 자산의 가격이 하락한다면 기분 나쁘게 생각할 것이 아니라 오히려 기쁜 마음으로 이제는 채울 것인지, 아니면 현상태를 유지할 것인지, 아니면 더 공격적으로 줄일 것인지의 게임을 즐기면 된다. 최악의 상황은 딱히 많이 들고 있지도 않은 투자가 손실이 발생했다고 참고 참고 또 참다가 손절을 하는 경우이다.

개별 자산에 대한 투자

벤치마크

　패시브 전략에서 벤치마크의 역할은 대단히 중요하다. 모든 자산의 비중을 결정하는 기준이 되는 시작점이기 때문이다. 한마디로 목적지와 현재 나의 좌표를 알려주는 GPS수신기와 같은 역할을 한다고 보면 된다. 시장이나 개별 주식의 방향성에 대한 자신이 없을 때 벤치마크와 똑같이 운용하면 위험을 최소화할 수 있다. 물론 초과 수익도 없지만 항상 초과 수익을 내야 하는 것은 아니다. 그저 시장을 따라가면서 기회를 엿보는 곳이라는 의미로 나는 벤치마크에 대하여 '숨을 수 있는 곳'이라고 표현한다.

　사람마다 벤치마크는 다를 수 밖에 없다. 우선 나이에 따라 달라진다. 젊은 사람들은 젊은 사람들의 벤치마크가 따로 있고 연금생활자는 또 그들만의 벤치마크가 따로 있다. 안정적인 수익이 얼마나 지속되는지에 따라서도 벤치마크는 달라져야 한다. 지금의 재산 상황, 직업의 안정성과 성장성 등 경제적인 지표뿐 아니라 건강 상태도 미래 의료비에 영향을 주므로 벤치마크를 정할 때 감안해야 한다. 위험한 스포츠를

즐기는 사람들도 마찬가지이다. 이민을 계획하는 사람이라면 우리나라에서 평생을 보낼 사람과는 다른 벤치마크를 가져야 하는 것은 당연하다. 현재 자신의 상태와 더불어 자녀 계획, 미래의 자신의 모습을 그려 보고 벤치마크를 만들어야 한다.

개인들이 투자를 위한 벤치마크를 정할 때, 국민대차대조표는 좋은 참고 지표가 된다. 국민대차대조표와 개인의 특수성을 동시에 고려하면 바람직한 벤치마크를 만들 수 있다.

한국은행에서 발표하는 가계 최종소비지출에 따르면 우리나라 국민들의 1인당 필수 지출은 연간 약 700만원 정도이다. 필수 지출은 사는데 반드시 필요한 식비, 주거비, 병원비 등의 항목을 포함한다. 앞으로 50년을 더 산다면 3억4천만원 정도는 필수 지출로 써야 한다. 부부라면 6억8천만원, 양육해야 할 자녀가 있다면 15년에 1억이다. 갓난 아이를 30년 부양한다고 보면 대략 2억이 필요하다. 물론 평균이기 때문에 더 아낄 수 있는 사람도 있을 것이고 더 써야 하는 사람도 있을 것이다. 각자 자신의 상황을 반영하면 된다.

심오할 필요도 없다. 그저 벤치마크만큼, 벤치마크를 정하기 애매하다면 더 쉽게, 남들 하는 만큼 하면 되는 것이다. 더 하는 것도 위험하고 덜 하는 것도 위험하다. 최악의 경우는 남이 투자해서 돈을 벌었다면 거기에 혹해서 나도 투자한다. 그러다가 오르면 더 오를 것 같아서 못 판다. 적자가 나기 시작하면 아까워서 못 판다. 결국 바닥 무렵에 더 이상 못 참고 판다. 이런 행태가 나타나는 이유는 위험을 회피하고자 하는 본능과 돈 중심 사고가 결합되어 나타나는 현상이다. 애초에 투자의 목적이 돈을 버는 것이었기 때문이다. 원칙을 먼저 정하고 자산배분을 하고 비어있는 포트폴리오를 채워나 가는 방식으로 투자를 한다면 투자자는 돈이 아까워서 바닥에 파는 우를 범하는 경우를 최소화할 수 있다.

그렇다면 어떤 순서로 어떤 자산을 먼저 채워야 할 것인지 생각해 보자. 당연히 자신의 삶에 더 큰 영향을 미치거나 더 변동성이 큰 다시 말해 더 위험해 보이는 자산을 먼저 채워야 한다. '성공하는 사람들의 일곱 가지 습관'의 저자 스티븐 코비는 시간 관리의 필요성을 언급할 때, 큰 돌과 작은 돌들을 비유로 든다. 그릇을 돌들로 가득 채우려면 큰 돌을 먼저 채우고 작은 돌을 넣어야 한다는 것처럼 중요한 일부터 먼저 하면서 시간의 균형을 맞추라는 것이다. 상황에 따라 달라질 수는 있지만, 우리가 투자를 할 때에는 아마도 가장 큰 돌은 부동산일 것이다. 나중에 숏 포지션이었을 때, 즉, 없을 때 가장 불편한 자산이기도 하고, 앞서 보았듯이 우리나라 사람들이 가장 많이 들고 있는 자산이기 때문에 올랐을 때 상대적으로 피해가 더 크기도 하다. 그리고 그 다음은 주식, 그리고 금 등 기타자산 순으로 채우는 것을 추천한다. 물론 절대적인 것은 아니다. 코로나 사태 등 시장 충격으로 급락하거나 해서 변동성이 커진 자산이 있다면 그런 자산을 우선 고려할 필요도 있다.

부동산

국토교통부에서 2020년에 발표한 주거실태조사에 관한 보고서를 보면 우리나라 사람들 중 84% 이상은 주택이 꼭 필요하다고 응답했다. 그리고 같은 보고서에 따르면 자가를 보유한 가구는 4년 연속 증가하여 61%에 이르고 있다. 자기 집을 가지고 있어야 한다고 생각하지만 아직 갖지 못한 사람들이 23% 이상 있는 것이다. 꼭 필요하지는 않다고 생각하지만 집을 가지고 있는 사람들이 있으면 이 숫자는 더 커질 것이지만, 일단 그런 사람들은 없다고 보자. 그 사람들이 한꺼번에 내 집 마련에 나서지는 않을 것이다. 하지만 장기적으로 서서히 채워나갈 것은 분명하다. 수요와 공급의 법칙에 따라 소득이 늘어나고 부가 축적되면 그 속도는 빨라질 것이고, 부동산 가격이 오르면 대체로 그 속도는 늦춰질 것이다. 2019년처럼 특수한 경우도 있다. 부동산 가격이 많이 올랐음에도 다른 해보다 유주택자 비율이 빠르게 늘었는데, 소득

성장과 부의 축적이 늘어난 탓도 있겠지만, 부동산 가격 상승에 놀란 집 없는 사람들, 즉 숏투자자들이 불안 심리를 극복하지 못하고 손절성 매수를 많이 한 것으로 보인다. 우리 사회가 자산 가치의 변화에 따라 부의 양극화가 두드러지게 나타난 데 따른 부작용이다.

2019년 부동산을 가장 많이 구입한 계층을 연령대로 보면 30대가 가장 많았다고 한다. 나는 이 사실을 이렇게 해석한다. 1980년대 이전에 태어난 세대는 공부 잘하고 열심히 살면 '되는' 줄 알았다. 부자도 되고, 잘 살 수 있고, 모든 것이 잘 되리라고 믿었다. 하지만 그렇게 사는 선배 세대를 옆에서 지켜본 1990년대 이후 출생자들은 다른 생각을 하고 있는 것이다. 부자로 사는 것과 공부는 별개라는 것, 그리고 윤택한 삶을 위해서는 공부외는 다른 노력이 필요하다는 것을 깨닫게 된 것이다. 그리고 그들은 큰 돌을 채우기 시작한 것이다.

부동산에 관해서는 딱히 계산할 것 없이 일단 내가 살 집 한 채를 중립으로 보자. 그리고 어쨌거나 중립 포지션을 채우자. 좀 비싼 집이면 일부 롱 포지션이라고, 싼 집이면 일부 숏 포지션이라고 생각하자. 물론 우리나라 주택 보급률이 105% 정도니까 집 한 채도 평균에는 살짝 못 미치지만, 거기까지 따지지는 않아도 된다. 형편에 맞게 살고 싶은 지역에서 크게 벗어나지 않은 곳에 적당한 집 하나 장만하고 보자. '형편에 맞게'라는 표현은 물론 위험관리 차원에서 생각해야 한다는 뜻이다.

평소 존경하는 어느 스님께서 이런 말씀을 하셨다.

> 남하고 비교해서 남보다 어렵다는 겁니다. 지금 내가 사는 것 자체는 큰 불편이 없는데 다른 사람과 비교하니까 힘든 거예요. 요즘 여러분들이 제일 많이 느끼죠. 지금 월급도 그대로 있고, 집도 그대로 있는데, 요즘 옆에서 '부동산이 몇 배로 올랐다', '주식을 사서 어떻다' 이런 소문을 들으니까 갑자기 본인이 가난해진 것 같잖아요. 주위에 벼락부자가 생겨나니까 나는 벼락 가난뱅이가 된 기분이에요. 이런 게 다 심리적인 문제입니다.

남들과 비교하지 말고 '나는 나다'라는 자세로 평정심을 유지하면서 욕심을 버리고 한결 같은 마음으로 사는 게 중요하다는 게 골자이다. 그렇게 살 수 있다면 그렇게 살면 된다. 문제는 이런 자세와 생각으로 사는 것이 무척이나 어렵다는 것이다. 평범한 사람들이 도달할 수 있는 경지가 아니다. 주변에서 가만히 두질 않는다. 아내 또는 남편이 날마다 잔소리를 하고 애들도 불편해 한다. 이혼까지 하는 경우도 흔하고,

더 극단적인 사례도 언론에서 보도되고 있다. 남들과 비교해서 어렵지 않으려면, 남들과 비교당하지 않으려면 남들과 같은 포트폴리오를 갖추는 것 말고는 딱히 방법이 없다. 그게 정신 건강에 좋다. 그리고 나중이 되면 사는 것 자체가 큰 불편이 생길 수도 있다.

국토교통부에서 해마다 발표하는 주거실태조사를 보면 2019년 1인당 주거 면적은 32.9 제곱미터, 약 열 평 정도에 한 명이 살고 있다는 얘기다. 내 경험으로도 그 정도는 필요하다고 생각되고, 그 정도가 중립 수준이라고 본다. 이 숫자도 역시 평균이라는 함정이 있는 숫자지만 그 정도가 생활하는데 필요한 적정 공간이라고 생각한다. 그 정도 공간에 살면서 너무 넓거나 여유있다고 느끼는 사람이 많지는 않을 것 같다. 형편이 안 된다거나 부동산 시장의 전망을 나쁘게 보더라도 일부는 사서 헤지를 해야 한다. 예를 들어 4인 가구라면 120제곱미터를 중립으로 생각할 때, 60제곱미터에서 90제곱미터 정도는 매입해서 가지고 있어야 한다. 최소한 반이라도 헤지를 하라는 의미이다. 비싸서 안 사는 것과 돈이 없어 못 사는 것은 엄연히 다르다. 자금 조달이 도저히 안 된다면 모를까 살 수 있는데 안 사는 것은 숏포지션을 방치하고 위험에 자신을 노출시키는 것이다. 너무 비싸다고? 그러니까 더욱 숏포지션을 조심해야 한다. 오히려 돈이 많으면

투자의 상대성 원리

사지 않아도 된다. 이렇게 생각하자. '우리 형편에 무슨 돈이 있다고 그처럼 비싼 자산을 숏베팅 하겠는가.'

자금조달이 안 되는 상황이라면 주식이나 다른 자산이라도 사는 것이 낫다. 국내외 주식과 원자재 등을 통해서 원하는 지역의 부동산과 같이 움직이는 포트폴리오를 구성하면 된다. 즉, 부동산 가격이 오르면 오르는 만큼, 내리면 내리는 만큼 같은 등락을 보이는 포트폴리오를 사는 것이다. 주변에 통계학에 해박한 지인이나 증권사 퀀트 애널리스트에게 문의하면 다양한 방법으로 적절한 포트폴리오를 제시해 줄 것이다. 성과 면에 있어서 조금씩 차이는 있겠지만 그래도 이렇게라도 하는 편이 훨씬 낫다.

내가 주장하는 바는 집값이 오르니까 사서 돈을 벌라는 얘기가 절대 아니다. 집이 여러 채 있는 자산가나 부동산 투자를 전업으로 하는 투자자라면 모를까 그런 돈 중심의 사고는 위험하다. 집값이 오를지 내릴지 솔직히 대부분의 사람들은 잘 모른다. 그렇기 때문에, 집값이 어떻게 될지 모르기 때문에 그 위험을 부담할 필요가 없다는 얘기다.

어차피 집을 여러 채 가지고 있는 사람들은 집 값이 오를 것으로 예상하고 거기에 베팅을 하는 투자자들이기 때문에 위험관리만 제대로 된다면 특별한 조언이 필요 없을 것이다. 문제는 현재 집이 없는 비자발적 부동산 숏 플레이어들이다.

주식

 벤 그레이엄이 그의 저서 '현명한 투자자'에서 말했듯이, 1800년대에는 주식은 투자시장에서 대체재였고 투기의 상징이었다. 주가는 매우 낮은 수준에서 거래되었다. 북 밸류나 파 밸류 정도가 주식이 가질 수 있는 가격의 상한이었다. 성장성은 고려되지 않았다. 그러나 이제는 투자라고 하면 대부분의 사람이 주식을 생각하는 것 같다. 아마도 소액으로 투자할 수 있다는 점과 투자하는 절차도 간단해서 그만큼 대중화되어 있기 때문일 것이다.
 그렇다면 주식에 얼마나 투자하는 것이 적당한지 생각해 보자. 주식은 부동산처럼 간단히 벤치마크를 정하기 어렵다. 단순하게 평균으로 접근하면 우리나라 인구수 5천만으로 우리나라 시가총액을 나눈 5천만분의 1을 가지고 있으면 된다. 우리나라 유가증권 시장 상장사의 시가총액은 2020년 말 현재 약 2천조원이니까 1인당 4천만원 정도이다. 이 중 일반 개인들이 직, 간접적으로 보유한 물량은 반 정도라고 치면 천조원 정도가 되며, 그렇게 보면 일인당 보유 물량은 2천만원 정도이다. 우리나라 가계 예금이 7백조원이니까 예금보다 50%정도는 더 주식이 있어야 한다. 개인별 재무상태표에서 미래 소득이 더 많다면 즉, 나이가 어리거나 직장

투자의 상대성 원리

의 안정성이 높다면 예금보다는 먼저 주식을 채우는 것이 바람직하다. 우선 이 정도로 기준을 정하자.

막상 주식을 사려면 너무 비싸다는 생각이 들 수도 있다. 앞서 계속 얘기했지만, 절대적인 현금 기준에서도 안 볼 수 없는 게 사람 심리이다. 만약 본인이 시장이 너무 올라서 현재 비싼 상황인지, 너무 내려서 싼지 조금이라도 높은 확률로 알 수 있다면 베팅을 해 볼 수 있다. 나는 개인적으로 오랫동안 사용해 온 기법이 있다. 계속 투자를 하다 보니 어느 정도를 베팅할 지에 대한 감이 대충 생길 무렵 '켈리의 기준'이라는 공식을 알게 되었다. 예를 들어 보자. 구슬로 홀짝 내기를 해서 투자자가 일정 금액을 건 다음 맞추면 건 돈만큼 받고 틀리면 내가 건 돈을 날린다고 하자. 그런데 홀짝을 잡는 사람이 손이 작아서 한 개 밖에 못 잡는 경우가 많고 가끔 운이 좋으면 짝을 잡을 수 있다. 홀의 확률이 60%이고 짝의 확률이 40%라고 생각하자. 이 게임은 계속 할 수 있다. 투자자는 자신이 가진 돈에서 어느 정도를 거는 것이 적당한 것인지를 고민하고 있다. 정답은 가진 돈의 20%이다. 즉, 투자자가 1억원이 있다면 2천만원 정도 베팅을 하는 것이 장기적으로 수익률을 극대화하는 것이다. 사후적으로는 1억원을 한꺼번에 소위 '몰빵'을 해서 세 번만 맞으면 인생 편안해진다고 생각할 수 있다. 한 번 맞추기에서는 다들 맞추는 것 같다. 60%나 맞추니까 나도 맞출 수 있을 것 같다. 하지만, 누누이 얘기하지만 생각처럼 쉽지 않다. 이 게임에서 세 번 연속 맞출 확률은 20% 정도밖에 안 된다.

이 문제는 미국의 수학자 켈리가 1956년에 장기 성장률을 극대화하는 문제로 답을 내 놓았다. 최근에는 '르네상스 테크롤로지'라는 금융회사로서는 독특한 이름의 회사 설립자인 제임스 사이먼스가 그의 저서에서 켈리의 공식을 이용했다고 서술하면서 더욱 유명해졌다. 이 공식을 활용하려면 투자자는 자신이 이길 확률을 정확히 알아야 한다. 이길 확률이 50%가 안 된다면 절대로 베팅하면 안 된다. 즉, 잘 모를 경우 지금 당장 벤치마크만큼 채우는 것이 정답이다. 이게 베팅을 하지 않는 것이다.

이제 어떤 주식을 살 것인지를 정해야 한다. 앞서 패시브 포트폴리오 부분에서 설명한 것처럼 개별 주식보다는 시장 비중 포트폴리오로 접근하는 것이 바람직하다. 상장되어 있는 회사 중에는 망할 회사도 많기 때문에 안 망할 회사 잘 골라서 투자하면 시장을 이길 수 있다는 생각을 하는 사람들도 더러 있지만, 그런 회사를 미리 골라서 시장을 이긴다는 것은 쉽지 않은 일이다. 그렇기 때문에 여러 기업에 포트폴리오를 구성하여 투자하는 것이 유리하다. 직접 포트폴리오를 구성하던지, 아니면 펀드에 가입하면 되는데, ETF나 인덱스 펀드와 같은 패시브 펀드가 최적의 대안이라고 생각한다.

최근, 투자 상품 중 가장 높은 성장세를 보이는 것 중 하나가 ETF이다. 이런 현상은 우리나라뿐 아니라 글로벌 시장도 비슷하다. ETF를 한마디로 정의하면 주식시장에 상장된 인덱스 펀드이다. 실시간으로 사고 파는 인덱스펀드라고 보면 된다. 거래소에는 다양한 종류의 ETF가 상장되어 거래되고 있다. 여러 가지 투자 전략을 구사할 수도 있고, 자산 배분을 하는 데에 활용하기도 쉽다. 개인 투자자가 자산배분의 관점에서 투자를 한다면 코스피지수나 코스피200지수 등 시장 지수나 대형주를 추종하는 종목을 선택하는 것이 좋다.

인덱스 펀드는 실시간 매매가 어렵고 설정이나 환매할 때 ETF보다는 시간이 걸리고 수수료가 비싸다는 단점이 있는 반면에 상대적으로 수익률을 소폭이나마 개선할 수 있는 방법들이 몇 가지 있어 적당히 고른다면 장기적으로는 수수료를 제하고도 수익률이 ETF보다는 높을 수 있는 장점이 있다. 따라서 인덱스 펀드를 고를 때는 수수료와 장기 수익률 정도만 살펴보면 된다.

고를 수 있는 선택지가 불가피하게 액티브 펀드 밖에 없는 경우가 있을 수 있다. 그렇다면 액티브 펀드라도 가입하는 편이 낫다. 나름 잘 고르면 인덱스펀드보다 높은 수익률을 얻을 수도 있다. 액티브 펀드에 투자하려면 잘 골라서 투자

철학이 합리적이고 확고한 운용사를 선택해야 하며, 투자 전략이 명확하고 그 전략이 잘 유지되는 펀드를 선택하는 것이 좋다. 펀드 매니저가 자주 변경되거나 투자 스타일에 변화가 잦은 펀드는 피하는 것이 좋다. 그리고 액티브 펀드도 가급적 싼 수수료의 펀드를 골라야 한다. 좋은 주식을 고르는 것만큼이나 어렵고 복잡하다.

만약 현금 부분이 너무 적고 위험자산으로 너무 초과비중을 가지고 있다고 판단이 되면 시장의 베타와 고정 수익을 동시에 가져가는 효과가 있는 배당주 포트폴리오를 편입하는 것도 괜찮다.

이런 방법 외에 다른 것들은 모두 조심해야 한다. 주식 관련 정보를 알려준다는 소위 '리딩방' 같은 자들을 비롯해서 고수익을 보장하는 광고는 일단 사기라고 보면 된다. 금융위원회가 정식으로 허가를 내어준 기관들도 사기성 행태가 숱하게 많은데, 금융위원회 허가도 안 받은 업체는 100% 사기라고 보면 된다. 백만원으로 백억원을 만들어 주겠다는 광고도 봤다. 실제로 그렇게 될 수도 있다. 하지만 확률은 0에 가까울 것이다. 이런 말은 믿는 사람들도 문제다. 경제 교육이 더 필요하다고 본다.

이미 많은 돈을 벌었다면서 돈다발과 비싼 자동차 사진을 보여주거나 월가나 홍콩 금융시장 등에서의 화려한 경력을 자랑하는 사람들도 있다. 이런 사탕발림에 속아 넘어가는 것은 위험하다. 일찍이 영국의 철학자 프랜시스 베이컨이 경고한 극장의 우상이 바로 이런 것이다. 무조건 거짓말이라고 배척할 필요는 없지만 제대로 모르면 뼈아픈 결과가 생길 수 있다.

투자자는 자신이 자금을 맡기는 회사 또는 펀드의 운용철학, 운용전략, 구체적인 운용프로세스에 대해서도 대부분 알고 있어야 한다. 그래서 주식시장에서 무슨 일이 있었을 때, 자신의 포트폴리오가 수익이 났는지, 손실이 났는지 이해할 수 있어야 한다. 벅셔 헤서웨이 같은 회사들의 주주서한을 보면 자신들의 투자 전략을 해마다 상세히 기술하고 있다. 일부 블랙박스가 있을 수는 있다. 하지만 앞서 말한 운용전략이나 프로세스와 같이 중요한 부분들이 공개되지 않는 회사에는 돈을 맡겨서는 안 된다.

2020년 코로나 바이러스의 대유행 이후에 개인 투자자들은 주식에 많은 투자를 했다. 그리고 주가지수도 단기에 많이 상승해서 현재는 증시의 고평가 여부를 놓고 갑론을박이 한창이다. 그리고 앞으로 주가는 현재 시점보다 낮은 시점도 분명히 올 것이다. 누군가에게는 손실 구간이 될 것이다. 하지만 주식의 전체 포지션이 중립이나 그 이하라면 여기에 동요되지 말자. 10년이나 20년 뒤를 본다면 앞으로 이익 구간도 분명히 도래할 것이다. 가격이 바닥일 때 사겠다는 것이나 꼭지에 팔겠다는 것도 말처럼 쉽지 않다. 모두 현금 관점에서의 접근이고, 현금 관점에서 접근하면 카너먼 교수의 지적대로 본능이 방해한다. 벤치마크 대로 가져가는 것이 지키는 투자에서는 최선이다.

그렇다면 주식은 언제 팔아야 할까? 지금까지 이 책의 내용을 주의 깊게 본 사람은 이미 알고 있을 것이다. 패시브의 관점에서 주식을 팔아야 하는 시점은 벤치마크가 바뀌었을 때, 즉, 다른 자산이 필요할 때 또는 자산을 전체적으로 줄여야 할 때이다. 예컨대 다른 자산을 사거나 소비하기 위해 돈이 필요할 때이다. 그렇지 않고, 이익실현을 한다는 것이나, 손절을 한다는 것이나 본질적으로 똑같다. 결국 돈을 기준으로 주식의 가치를 평가하고 있는 것이다. 패시브 투자의 기준으로 투자를 보면 답은 간단하다.

해외 주식

코로나 이후 주식시장에 들어온 투자자들은 해외 주식에도 손을 대기 시작했다. 국내 개인이 해외에 투자한 주식 보유 총액이 25조원 규모로 알려져 있다. 아직 우리나라 전체 부에서 차지하는 비중은 미미하다. 국내 주식 대비 초과 수익을 노리는 투자가 대부분일 것이다. 투자 기회 차원에서 보면 우리나라에서는 찾을 수 없는 성장성이나 수익성을 포함하는 투자 집합을 가질 수 있기도 하다. 패시브 개념을 확장시켜 본다면 해외 투자 자체는 글로벌 시장에서 우리나라 위상의 변동을 줄여주는 긍정적인 역할을 한다. 특히 우리나라는 경기 순환에 민감한 업종의 비중이 다른 나라에 비해서 높기 때문에, 글로벌 경기가 안 좋아질 경우 더 깊은 불황을 겪는 경우가 많았다. 그래서 '미국이 기침하면 한국은 독감에 걸린다'는 말이 있을 정도다. 국내 투자자가 해외 투자를 하는 것 자체는 우리나라의 부와 부의 변동성을 방어할 수 있다는 면에서 긍정적이다. 다만 우려스러운 점은 최근의 흐름은 특정 종목 편중이 심하다는 것이다. 전기차와 신기술 관련주 몇 개에만 몰려있어서 해당 산업의 상황에 크게 좌우될 위험이 있다. 아직 해외 투자가 전략적으로 성숙하지 못해서 다양하지 못하기 때문인 것으로 이해하고 있다. 참고로 국내 투자자들의 투자처를 국가별로 볼 때 미국 비중이 압도적으로 높은 점(98% 정도라고 한다)도 문제로 지적하는 언론도 있으나, 아직 큰 규모가 아니고 미국 시장이 전체 글로벌 시장에서 차지하는 비중을 생각하면 전혀 문제가 아니라고 판단된다. 오히려 미국을 비롯한 많은 시장에 더 많은 투자가 이루어져야 하고 그렇게 되면 어느 정도는 해소될 것으로 판단한다. 2020년 말 현재 대표적인 세계 주가지수인 MSCI ACWI(All Country World Index)에서 미국이 차지하는 비중은 55% 정도이다. 우리나라는 2%도 안 된다. 시각을 달리 해서 목적과 상황에 따라서 국내에서의 경제적 지위가 아닌 글로벌을 기준으로 경제적 지위를 고려한다면 코스피지수 말고 MSCI ACWI와 같은 글로벌 지수를 벤치마크로 선택하는 것도 방법이다.

또한 해외주식 투자에는 보이지 않는 효과가 있다. 우리나라 경기가 나빠질 때 원화가치가 떨어지게 되어 달러환율은 오르는 경향이 있다. 일종의 안전장치이자 풋옵션 매수 효과이다. 그래서 환율을 감안한 S&P500 지수의 변동성을 계산해 보면 코스피지수 변동성 뿐 아니라 환율을 감안하지 않은 S&P500 지수보다도 낮은 변동성을 보인다. 분산투자효과가 발생하여 위험을 줄인다는 의미이다. 이런 속성이 있음에도 미국 달러화 가치의 하락을 방어한다는 명목하에 환율을 헤지하는 상품에 가입하는 경우가 많다. 그런데 환헤지를 하게 되면 이런 효과를 볼 수 없고, 추가적으로 비용을 지불해야 한다. 개인적으로 가깝게 지내는 어떤 트레이더는 환율이 추세가 가장 잘 보이는 금융 지표라는 얘기를 하곤 했는데, 단기적으로 환율에 대한 베팅을 하는 것은 성향에 따라 괜찮

을지 모르겠지만, 환헤지를 장기적으로 하는 것은 글로벌 분산투자의 효과도 떨어지고 비용도 발생하기 때문에 유의해야 한다.

이와 별개로 이민을 고려하거나 수출입과 관련된 업무에 종사하는 투자자라면 자신들의 상황에 대한 위험관리를 위해 적절한 포트폴리오를 해외에서 찾을 수도 있다.

금

금의 역사는 전 세계에 걸쳐 길고 복잡하게 이어져 있다. 청동기 시대 이전부터 지배계층이 상징적으로 금을 활용한 흔적이 나타나는데, 노랗게 반짝이는 단단한 물질을 보고 첫 문명인들은 태양의 조각이라고 생각했을지도 모른다. 태양신을 숭배하던 중동 지역에서 황금을 제련하고 주조하는 기술이 발달하게 된 것은 우연만은 아닐 것이다. 루안총샤오의 저서 '39가지 사건으로 보는 금의 역사'는 고대부터 어떻게 금이 인류에게 이처럼 중요한 자산으로 자리매김을 하였는지를 설명하고 있다.

처음에는 장신구로 쓰이던 금속은 자연스럽게 화폐로 쓰이게 되었고, 고대 그리스와 로마시대, 중세를 거쳐 현대

투자의 상대성 원리

에 이르고 있다. 인류 과학사의 한 획을 그은 아이작 뉴턴도 1660년 이후 20년간 물리학 연구를 접고 연금술 연구에 몰두했다고 한다. 남들은 안 될 것이라고 생각하는 일에 몰두하는 것이 천재들의 특징일지는 모르지만, 그는 진짜로 쇠붙이를 금으로 만드는 것이 가능하다고 믿었나 보다. 천재의 해프닝이라기보다는 그 시대 금이 갖는 중요성으로 이해하면 되겠다. 그보다 앞서 1492년에는 금을 손쉽게 구하는 방법은 쇠를 가공하는 것 보다는 바다를 건너 가는 것이라고 믿었던 다른 유럽 사람들은 이를 행동으로 옮겨 결국은 성공하게 되고 이 때부터 그 당시 아메리카 대륙에 살던 사람들의 비극이 시작되는 계기가 되기도 하였다.

본격적으로 현대적 관점에서 화폐 경제 역사가 시작된 것은 1816년 영국이 금본위제를 채택하면서부터이다. 영국 중앙은행이 금을 보유하면서 그것을 파운드로 바꿔주는 제도를 실시하기 시작한 것이다. 화폐에 대한 신뢰가 없는 상황에서 그것이 의미를 갖기 위해서는 금이 밑바탕에 깔려있다는 믿음이 있어야 했다. 이후 1차 세계대전이 일어나기 전까지 안정적으로 유지되다가 각국이 전쟁 자금 준비를 위해 통화 발행을 늘리면서 나타난 화폐 가치 하락 현상은 금본위제가 지켜지지 못하는 상황을 만들었다. 이후 인플레이션 부작용을 경험하고 각국은 다시 금본위제로 복귀했지만, 곧이어 발생한 대공황은 다시 금본위제 이탈을 불러왔다.

2차 대전 이후 압도적인 금 보유량으로 미국 달러가 금을 대리하는, 다시 말해 미국 달러와 금을 동일시 하는 브레튼우즈 체제가 시작되었다. 이 당시 브레튼우즈에서 열린 회의에 영국 대표로 참석했던 케인즈는 기존 국가의 통화를 대체하는 제3의 통화인 국제 통화 방코르(Bancor)를 도입하자는 주장을 하기도 하였으나, 미국은 유럽에 비해 전쟁의 피해를 비껴간, 세계 금 보유량의 3분의 2를 들고 있는 초강대국이었고 회의 결과는 미국 주장이 고스란히 반영되었다. 사족일지 모르지만 비트코인은 방코르와 취지를 공유하는 것으로 보인다.

이후 또 다시 발발한 월남전으로 미국은 돈을 찍어냈고 달러 가치가 급락하자, 프랑스 등 일부 국가들은 금 태환을 요구했고 미국 대통령 닉슨은 불태환을 선언하면서 브레튼우즈 체제는 붕괴되었다. 그게 딱 50년 전인 1971년 8월 15일이다. 그 전까지는 돈이 금이었고, 금이 돈이었지만, 그 뒤로 금과 통화는 전혀 별개의 것이 되고 말았다.

어떤 물건이든지 화폐의 지위를 갖게 되면 프리미엄이 붙는다. 화폐가 유통되지 않는 교도소 내에서 담배가 화폐 역할을 했다는 사례에 대해서는 여러 이야기가 전해 진다. 아마도 그렇게 거래되던 담배에 대한 상대가치는 일반 시장보다 높았을 것이다. 예컨대, 시중에서 담배 한 갑과 슬리퍼 한 켤레가 똑같이 만원이라면, 아마도 교도소에서는 담배 한 갑에서 두 세 개피 정도 빼고도 슬리퍼 한 켤레하고 교환할 수 있을 것이다.

중국 진시황은 중국대륙을 통일하면서 도량형도 통일했고 화폐도 통일했다. 그 전에는 사람들은 '포전'(布錢), '도전'(刀錢) 같이 각 지역 국가에서 발행한 통화를 쓰고 있었다. 당연히 통일되지 않은 채로 지역 별로 통용되었던 것이다. 진시황은 반량전을 강제로 통용하였고 나머지 화폐는 금지시켰다. 다른 화폐들의 가치는 어떻게 되었을까? 반량전 이전에는 돈이었지만 이후는 그냥 쇠붙이가 되었다. 지금의 화폐도 돈이라고 생각하면 돈이지만 돈이 아니라고 생각하면 어떤 할아버지가 그려진 종이조각이다. 헌데 자본주의 사회는 통화의 신용을 바탕으로 한다.

나는 금이 화폐로서의 프리미엄을 잃어가고 있는 자산이라고 생각한다. 지금 자녀의 돌반지를 들고 백화점에 가면 그 금을 사용할 수 있는 곳은 그 안에 입점한 귀금속 상점 밖에 없다. 교환매개로서의 기능을 대부분 상실한 것이다. 그나마 구입한 지 오래되었고 심지어 원 구매처가 아님에도 다시 팔 수 있는 이유는 아직도 화폐로서의 기능이 일부 남아 있다고 그 시장에서는 믿고 있기 때문이다.

인덱스 펀드의 대명사 뱅가드를 설립한 존 보글은 2011년 CNN과의 인터뷰에서 금은 얼마나 투자해야 하느냐는 질문에 너털웃음을 지으며 '금은 투자 자산이 아니다(Gold is not an investment at all!)'라고 못박았다. 배당이나 성장이 없는 원자재에 불과하며 그저 투기자산인데 지금 적당한 시점인지는 모르겠다는 말도 덧붙였다. 가격표가 붙은 모든 자산은 투자자산이 될 수 있다고 믿는 나는 그의 말을 글자 그대로의 의미에는 동감하지 못하지만, 원자재에 불과하다는 접근 자체는 동의한다.

그렇다면 금에 전혀 투자하지 않는 게 합리적인가. '돌이 떨어져서 석기시대가 끝난 것이 아니다.' 오일쇼크를 주도해서 미스터 오일이라는 별명을 가지고 있는 야마니 전 사우디 석유장관의 말이다. 석유가 완전히 소모되기 전이라도 다른 대체재가 나오면 석유 시대는 끝난다는 뜻이다. 전적으로 동의한다. 나는 여기에 한 마디 더 얹고 싶다. '석기시대가 끝났다고 사람들이 돌을 사용하지 않은 것은 아니다.' 석기시대가 끝나고 만년도 더 지났지만 아직도 돌은 훌륭한 건축자재이고 수석 수집가들은 돌을 사고 판다. 금도 마찬가지이다. 사람들이 아직도 금을 원하고 있고 원자재나 귀금속으로서 그 가치는 여전할 것이기 때문에 갑자기 가치가 없어진다거나 하는 가능성이 높아 보이지는 않는다.

발표 기관에 따라 조금씩 다르지만 지구상에는 약 25만톤에서 30만톤 정도의 금이 있는데, 2020년 현재 채굴된 금은 20만톤이 조금 안 된다. 다른 금속 자원에 비해 희소가치가 대단히 높다. 그중 47%, 약 절반 정도는 보석이나 장신구의 형태로 유통된다. 인간의 눈에는 금은 여전히 아름답다. 아마도 금이 처음에 귀금속으로 쓰였던 이유도 반짝이는 노란색 돌이 주는 신비하고도 아름답다는 감정 때문이었으리라 생각된다. 개인들이 투자용으로 20% 정도 들고 있다. 그리고 세계 각 나라들이 외환보유고의 형태로 20% 조금 안되게 들고 있다. 나머지 10% 조금 넘는 물량이 산업용 및 기타로 활용되고 있는데, 비싼 금을 산업용으로 쓰는 이유는 물질적 특성 측면에서 대체재를 찾기 어렵기 때문이다. 각종 선사세품의 주요 부품인 반도체에도 들어간다. 그 이유는 금의 유연성과 전도성이 꼭 필요하기 때문이다. 심지어 참치회나 케익 위에도 올라간다. 그 이유는 잘 모르겠다.

　금은 아직도 주요 투자자산이다. 빠르게 현금이나 다른 자산으로 교환이 가능하다. 잠깐 동안이었지만 코로나 바이러스가 퍼지자 주변 지인들이 금에 대해서 관심이 갑자기 많아졌다. 금은 투자 자산 중에서도 위기상황에서 가치가 돋보이는 안전자산의 대표 역할을 하고 있는 것 같다. 무엇보다도 많은 사람이 금을 가지고 있다. 다만 변동성이나, 보유량으로 볼 때 급히 채워야 하는 자산은 아닌 것 같다. 다른 자산이 다 채워졌을 때, 큰 돌을 다 채우고 나서 추가적으로 금융자산에서 5% 정도 사는 것이 분산투자차원에서 적절하다고 판단된다. 원자재 수요가 증가될 것으로 보고 추가적인 알파를 얻기 위해서는 금에 투자하는 것보다 차라리 통화로서의 프리미엄이 없는 순수 원자재인 구리를 사는 것이 더 현명한 방법이라고 생각한다. 현물을 사도 되지만, 원자재를 담고 있는 ETF 중에서 적당한 종목을 고르면 된다.

암호 화폐

　나카모토 사토시라는 미지의 인물이 기존 화폐 통화의 신뢰에 문제를 제기하면서 2009년 초 발행한 비트코인을 시작으로 조용히 전파되기 시작한 암호 화폐는 2017년 무렵부터 광풍이라고 할 정도의 열기를 띄게 되었다. 왠지 비트코인에 투자하지 않으면 안 될 것 같고, 그걸로 얼마를 벌었느니 하는 무용담도 심심치 않게 들려왔다. 굳이 그 이유들을 여기에 적지는 않겠지만, 나는 비트코인이 사회적으로 큰 가치가 있다고는 생각하지 않는다. 실제로 나는 한번도 비트코인에 투자한 적이 없다. 그리고 그 사실에 대해 후회해 본 적도 없다. 두 가지 이유이다. 우선 전망이 아주 밝아 보이지는 않는다. 또 한 가지는 우리나라의 전체 부에서 비트코인이 차지하는 비중은 너무도 미미하다. 후자 쪽이 내가 투자하지 않은 더 큰 이유이다. 우리나라 사람들 중에서 몇 퍼센트 정도가 투자했으며, 우리나라 자산 중에 몇 퍼센트가 비트코인으로 이루어져 있겠는가를 생각하면 쉽게 결론을 내릴 수 있다. 워낙 변동성이 커서 얼마라고 하는 것이 의미는 없지만 2020년 말 세계적으로 시가총액 300조원 정도이다. 이 중 우리나라 사람들의 비중은 자세히 살펴보지 않아서 정확히는 모르겠지만 얼마 되지 않을 것이다. 따라서 비트코인이 조금 더 오른다 한들 내가 소속한 계층과 나의 경제적 위치에 대한 영향은 별로 없다. 주변을 잘 살펴보면 더 안전하면서도 높은 수익을 올릴 수 있는 투자기회가 있을 것이다. 비트코인이 사회적으로 중요한 가치가 있고 오를 것으로 전망한다면 일부 투자해도 좋다. 다만 감내할 수 있는 한도 내에서만 투자해야 한다. 그리고 향후, 만약 우리나라 전체 부에서 차지하는 비중, 즉 시장 비중이 높아지면, 자산의 일부는 투자를 해야 할 것이다. 그 가치에 대해서 부정적으로 보기 때문에 시장 비중보다는 낮게 가져갈 것이다. 이 역시 내 생각이 맞을 수도 있지만, 틀려서 그 자산의 가치가 반대로 움직였을 때 감내할 수 있어야 하기 때문이다. 먼저 '우리나라 사

투자의 상대성 원리

람들 중에 몇 퍼센트의 사람이 거기에 투자를 했을까'를 생각해보자. 벤치마크를 먼저 고려하자는 것이다. 그리고 나서 오를지 내릴지를 생각하는 것이 바람직하다. 주변에 비트코인으로 돈을 번 사람들은 계속 나올 것이고 투자 충동을 느낄 수도 있을 것이다. 비트코인뿐만 아니라 앞으로 이런 유혹은 다양한 자산에서 지속적으로 보게 될 것이다. 주식이나 로또 등으로 쉽게 돈을 벌 수 있다는 광고도 앞으로 숱하게 보게 될 것이다. 그런 것들은 정말로 모르면 하지 마라. 자기들만의 노하우로 고수익을 올리는 투자가 있다고 하면 웃어 넘기자. 투명하게 투자 전략을 공개하지 않는 금융기관은 상대도 하지 마라. 아무리 유명한 회사라도 마찬가지이다. '당신께만 드리는 기회'는 없다. 중립을 지킨다는 것은 이처럼 내가 갖지 않은 포지션에 대한 조바심도 유발할 수 있지만, 오히려 그런 위해 요소를 강 건너 불구경하듯 흘려 보낼 수도 있게 해 준다.

로또

로또도 비슷하다. 우스개소리로 로또는 확률이 0에 가까운 그래도 '양수'지만, 평범한 월급쟁이가 그 돈을 벌 확률은 절대적으로 0이기 때문에 로또는 상대적으로 매우 확률이 높은 상품이라고 한다. 그럼에도 불구하고 로또에 많은 투자를 하지 않는 이유도 로또로 돈을 번 사람이 그다지 많지 않기 때문이다. 주변에 로또로 큰 돈을 번 사람이 있는지 살펴 보자. 없다면 나와는 무관한 일이다. 있다면 로또 맞은 사람의 주변 사람이 다시 로또 맞을 확률은 더 낮다. 기본적으로 당첨 확률도 낮을 뿐 더러, 확률을 반영한 기대 수익도 구입비용보다 턱없이 낮다. 로또 구입은 경제적으로 현명하지 못한 행위이다. 그냥 로또는 하지 않는 게 좋다.
　로또에 대해서 한 마디 덧붙이자면 로또는 대표적인 독립시행이고 무작위 게임이다. 지금까지 많이 나온 숫자를 고르건, 적게 나온 숫자를 고르건, 돼지 꿈을 꾸고 사건, 그냥 내켜서 사건, 연구를 하고 찍건, 아무 생각없이 찍건, 과거에 여러번 당첨된 가게에서 사건, 한 번도 당첨이 안 된 가게에서 사건 확률은 똑같다는 얘기다. 그러나 가끔 휴대폰으로 오는 스팸 문자 중에는 로또에 어떤 규칙이 적용되고 있고, 자신들은 그 규칙을 알고 있고 그 규칙을 적용한 시스템을 통해서 돈을 벌게 해주겠다고 광고들이 있다. 모두 다 사기이다. '행운의 편지'로 보면 된다. 그런 허위 광고에 현혹되지 않기를 바란다.
　그래도 혹시라도 어떤 기회에 로또를 사서 당첨이 됐다면,

무엇을 해야할 지 보다는 무엇을 하지 말아야 할 지를 깊이 생각해 보기 바란다.

끝까지 읽어준 모든 독자들에게 고맙다는 말씀을 전하고 싶다.
이 책을 읽고 '아차' 싶은 생각이 드는 투자자라면 피로감을 느낄 것이다.
그 피로감은 지금 당신은 무엇인가를 시작하려는 계기가 되리라고 믿는다.
그 시작이 좋은 결실을 꼭 맺기 바란다.
끝으로 이 책이 나오기까지 도와준 가족을 포함한 모든 분들께도 감사드린다.

투자의 상대성 원리
이제, 가난해지지 않기로 했다

초판발행일	2021년 3월 9일
지은이	이성민
펴낸곳	마솜
신고번호	제 2021-000023호
주소	서울시 영등포구 선유로43가길 24
이메일	8355ksy22@gmail.com
디자인	주식회사 디포엠코퍼레이션
삽화	오상민@ink_roading
값	7,000원
ISBN	979-11-974012-0-6 93320

© 이성민, 2021